AF546969

WIE DAS KLINGT!

Hörproben zu vielen der im Buch
erwähnten Werke finden sich unter

www.wiedasklingt.de

Michał Libera und Michał Mendyk

WIE DAS KLINGT!

Neue Töne aus aller Welt

Aus dem Polnischen
von Thomas Weiler

Illustrationen von
Aleksandra und
Daniel Mizielińscy

Moritz Verlag
Frankfurt am Main

Einleitung

1873 veröffentlichte die amerikanische Autorin **Florence McLandburgh** eine Erzählung*, in der sie überlegte, was mit Geräuschen geschieht, die verklungen sind. Sind sie einfach weg? Menschliche Stimmen zum Beispiel – sie kommen aus dem Mund, sind in der Luft, und dann ... Tja, was dann? Vielleicht verschwinden sie ja gar nicht, werden aber so leise, dass wir sie nicht mehr hören können. Und wenn man nun etwas erfände, was sie wieder hörbar macht?

Das war zwar nur eine Science-Fiction-Geschichte, aber kaum fünf Jahre später gab es den ersten Phonographen, mit dem man die flüchtigen Stimmen aufzeichnen konnte. Seither lassen sie sich jederzeit wieder abspielen. Rund zwanzig Jahre später konnte erstmals ein Funksignal über eine große Entfernung gesendet, also Geräusche an weit entfernte Hörer übertragen werden. Seit diesen Ereignissen denken wir anders

* Titel: The Automaton-Ear, also „Der Ohr-Automat“

über Klänge nach. Auch für Musiker und ihr Schaffen war dieser Entwicklungsschub von großer Bedeutung. Seither komponieren viele nicht mehr nur Melodien wie seit Jahrhunderten üblich, sondern suchen an abseitigen Orten nach Klängen und Musik. Andere erfinden neuartige Instrumente und unerhörte Geräusche, aus denen sie Kompositionen schaffen, die weniger an Rihanna-Songs oder Mozart-Sinfonien erinnern als an Regengüsse, Aufnahmen aus einer Autofabrik oder Übertragungen von intergalaktischen Scharmützeln. Viele denken auch über dieses sonderbare „Hören“ nach, sie wollen uns sensibler machen für die Geräusche, die uns umgeben, uns die Ohren spitzen. Sie fragen sich, was ein Geräusch ist, was Musik und was ein Musiker? Und manchmal kommen sie auf Antworten, die vor hundert Jahren noch völlig undenkbar waren.

Von ihnen erzählt dieses Buch.

Teil 1

Was ist ein Geräusch?

Was ein Geräusch ist? Bei der Beantwortung dieser Frage kommt Musikern die Wissenschaft zu Hilfe. Sie besagt, dass fast alles, was uns umgibt, aus winzigen, unsichtbaren Teilchen besteht. Diese Moleküle sind zwar nicht zu sehen, dafür aber dauernd in Bewegung. Normalerweise schwingen sie nur sehr schwach, wenn aber zum Beispiel ein Gegenstand gegen einen anderen stößt, verstärkt sich die Schwingung. Die schwingenden Moleküle geben die Vibrationen an ihre Nachbarn weiter. Auch an diejenigen

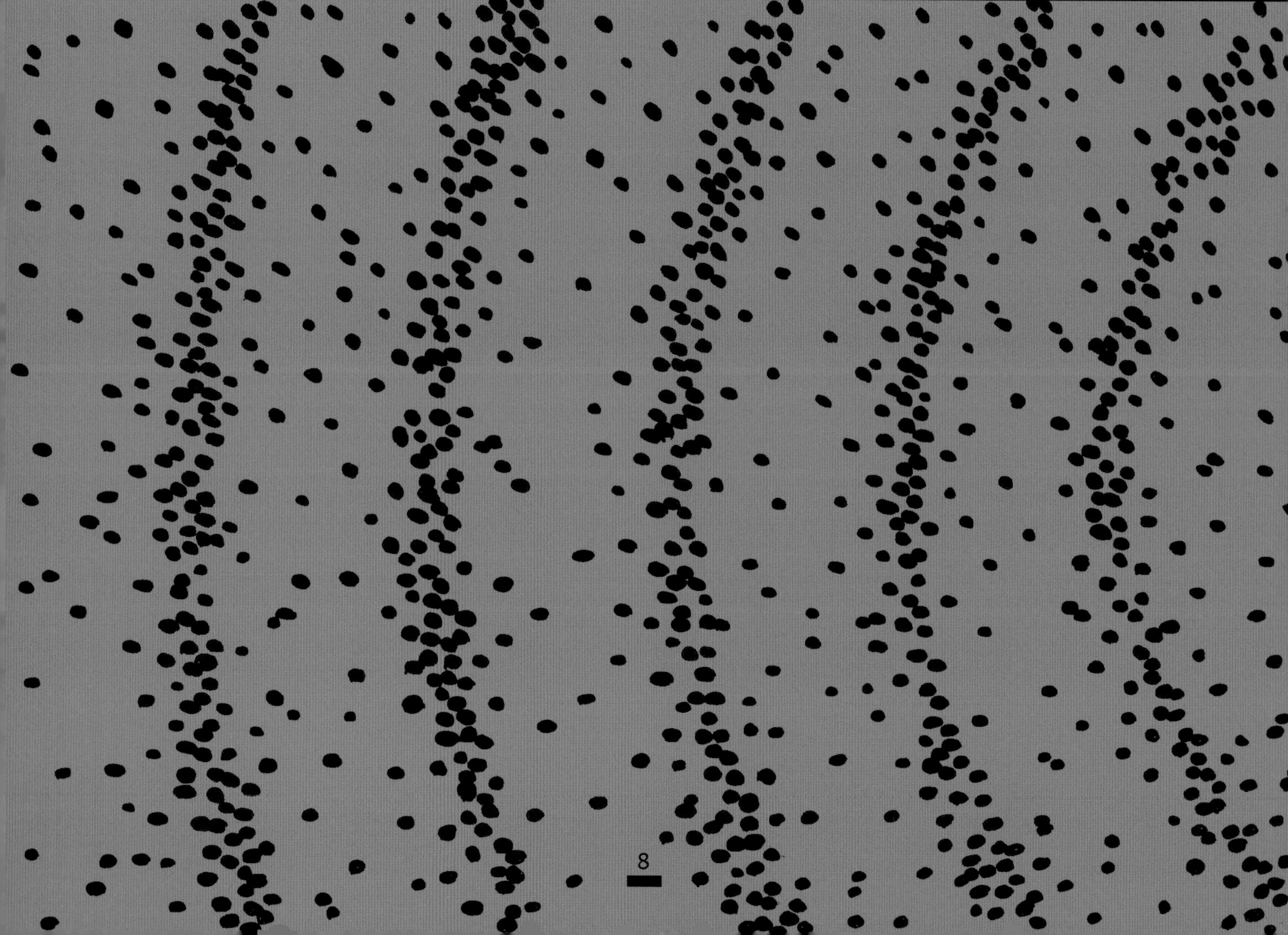

der Luft. Gelangen diese Luftvibrationen an unsere Ohren, bringen sie auch diese zum Schwingen. Und erst dann hören wir ein Geräusch. Physikalisch betrachtet sind Geräusche nämlich nur **schwingende Moleküle**, die das menschliche Ohr wahrnehmen kann.

Wenn Moleküle einander die Schwingungen weitergeben, breitet sich der Schall wellenförmig aus. Daher heißen diese Vibrationen in der Akustik auch **Schallwellen**.

Schwingende Wände

Geräusche erreichen uns normalerweise über Luftschwingungen. Unser Gehör gibt die Informationen über diese Schwingungen an das Gehirn weiter, das sie in Höreindrücke umwandelt – in Geräusche, wie wir sie kennen. Aber eigentlich kann alles schwingen, auch Flüssigkeiten wie Wasser, auch Festkörper wie Holz oder Metall. Nur können wir viele dieser Schwingungen nicht wahrnehmen.

Und wenn wir es doch könnten? Wenn wir nicht nur hören könnten, was durch die Luft an unser Ohr dringt, sondern auch, was unter unseren Füßen im Erdreich und in den Dingen um uns herum schwingt? All das vibriert ja pausenlos! Der amerikanische Künstler **Mark Bain** macht solche Geräusche hörbar. Er hat sich auf das Aushorchen von Gebäuden spezialisiert. Die Geräte, mit denen er arbeitet, sind kaum größer als Streichholzschachteln. Sie funktionieren ähnlich wie unser Gehör, sind aber viel empfindsamer. Ihre seismografischen Sensoren können sogar Erde und Steine hören. Normalerweise werden damit Bewegungen der Erdoberfläche gemessen. So können Erdbeben frühzeitig erkannt werden. Mark Bain bringt diese Sensoren an Wänden an, um deren Eigenschwingung aufzunehmen und hörbar zu machen. Sie sind nachzuhören auf seinen Konzerten, Ausstellungen oder Aufnahmen aus dem Projekt **The Archisonic** *(2008)*.

Was macht der?
Wände abhören.
Aber man hört doch gar nix.

Nichts zu hören.
Ich brauch ein besseres Gerät.
Mark Bain

Gleich viel besser.
Hörst du auch die Wände, Bobbel?

Rillen und Nadeln

Seit Jahrhunderten träumten Menschen davon, Klänge einzufangen. Manche versuchten sogar, sie in einen Kasten zu sperren, um sie später anhören zu können. Aber echte Tonaufzeichnungen konnte es erst geben, als klar war, was Schall eigentlich ist.

Wenn die Stimme deines Nachbarn dein Ohr als Schwingung erreicht, dann müsstest du sie auch hören können, wenn du die Luft in dieselben Schwingungen versetzt, ohne dass er da ist. Diesen Einfall hatte der amerikanische Erfinder **Thomas Edison**, dessen **Phonograph** 1877 zum Patent eingereicht wurde. Seine „Sprechmaschine" arbeitete äußerst präzise. Zunächst ritzte eine feine Nadel, gesteuert von den Schwingungen, Rillen in eine rotierende Walze mit

Zinnfolie. Später musste eine vergleichbare Nadel diese Rillen nur noch abtasten, dann gab der Apparat den Klang wieder, indem er über einen Trichter die Luft in die entsprechenden Schwingungen versetzte. Edison glaubte, mit seiner Maschine könnte man sich über größere Entfernungen verständigen. Dass dank seiner Erfindung dreißig Jahre später Hörer fast überall auf der Welt Opernstimmen wie die Enrico Carusos kannten, ohne ihn je gesehen zu haben, konnte er nicht ahnen.

Ich hab's!

Kochtopfmusik

Laut und leise. Lang und kurz. Hoch und tief. Anschwellend, gleichbleibend oder abnehmend. Einzeln oder verbunden. So können Klänge sein. Nicht nur von Geigen, Flöten oder anderen Musikinstrumenten, sondern von allem um uns herum: vom Sinfonieorchester über das quietschende Fenster und den knurrenden Magen bis zum zerspringenden Glas. Wenn aber alle Klänge dieselben Eigenschaften haben, kann man Walzer und Sinfonien nicht nur für Orchester schreiben, sondern auch für knarrende Dielen oder Drehhocker.

Die unterschiedlichsten Klänge, kleinste Kompositionsbausteine, hat der berühmte französische Toningenieur und Komponist **Pierre Schaeffer** zusammengetragen –

Alltagsgeräusche genauso wie elektronisch verfremdete Instrumentalklänge. Schaeffer zeichnete sie auf Tonband auf und veröffentlichte sie als **Klangobjekt-Solfeggio** (*Solfège de l'objet sonore*, 1967). Aber er hatte schon vorher gezeigt, was er konnte. Am 5. Oktober 1948 nämlich. Damals stellte er im französischen Rundfunk sein **Geräuschkonzert** (*Concert de bruits*) für Eisenbahnen, Töpfe und Brummkreisel vor. Er nannte das Ganze **konkrete Musik**, da seine Komposition direkt aus konkreten, fertigen, vorab aufgezeichneten Brummkreisel-, Topf- oder Zuggeräuschen zusammengesetzt war. Noten, die Musiker mit ihren Instrumenten erst in Musik verwandeln mussten, gab es bei ihm nicht.

Wer hört, hat recht

Der amerikanische Komponist **John Cage***
war einer der berühmtesten und zugleich umstrittensten modernen Musiker. Und alles nur, weil er nicht wählerisch war. Während die meisten seiner Kollegen ewig nach den schönsten Klängen suchten und sie in raffinierte Kompositionen gießen wollten, behauptete Cage: „Alles ist Musik." Für ihn gab es keine „unmusikalischen" Klänge. Man kann also auf Töpfen oder Möbelstücken genauso gut musizieren wie auf einem Klavier, und das Instrument muss nicht einmal einen Ton hervorbringen. Das hat Cage mit seinem Stück **4'33"** bewiesen, das David Tudor 1952 uraufgeführt hat. Dabei schlug der Pianist 4 Minuten und 33 Sekunden lang keine ein-

* Um ihn geht es noch mal auf S. 216.

zige Taste an. Er klappte bloß nach jedem der drei Sätze den Klavierdeckel auf und zu. Das Werk besteht nämlich ganz aus Stille. Oder aus den Geräuschen, die das irritierte Publikum währenddessen von sich gibt.

Ein anderes Mal gab Cage in einem Konzert einen rhythmisch vorgetragenen Text mit dem Titel **Vortrag über Nichts** (*Lecture on Nothing*, 1949) zum Besten. „Das sind doch Gedichte und keine Musik", mag man jetzt einwenden. Aber sprechen Rapper ihre Gedichte nicht auch? Millionen Fans in aller Welt hören die Hits von Jay-Z oder Eminem, obwohl auch da noch Leute finden, das habe mit Musik nicht das Geringste zu tun.

You can try and read my lyrics off of this paper before I lay 'em,
but you won't take the sting out these words before I say 'em.
Eminem

Jay-Z
They say I'm a menace, that's the picture they paint.
They say a lot about me, let me tell you what I ain't.

Wie macht sie das bloß, dass sie nirgends anstößt? Stockfinstere Nacht, sie huscht durch das Zimmer und erkennt spielend, welches Fenster offen steht.

Fledermäuse „sehen“ mit den Ohren, sie sind Spezialisten für die sogenannte Echoortung. Was das bedeutet? Der Schall wird von Wän-

den und anderen Hindernissen zurückgeworfen und landet wie ein Bumerang wieder an seinem Ausgangsort. So entsteht das Echo. Fledermäuse können in einer Sekunde zweihundert Töne aussenden und erkennen sofort, wie schnell das Echo wieder bei ihnen ist. So erkunden sie, wo und in welcher Entfernung Hindernisse sind. Kommt kein Echo zurück, sind die Schallwellen nirgends aufgeprallt. Dann weiß die Fledermaus, dass sie freie Bahn hat, zum Beispiel durch ein offenes Fenster.

Der amerikanische Komponist **Alvin Lucier** war von dieser Gabe fasziniert und wollte 1968 herausfinden, ob auch Menschen zur Echoortung fähig sind. Er versammelte mehrere Personen in einem geschlossenen, dunklen Raum und gab jeder ein Schallgerät mit, das Serien kurzer Klicklaute von sich gab. Damit sollten

sich die Versuchspersonen im Raum orientieren. Das Resultat des Experimentalwerkes mit dem Titel **Vespers** (so heißt eine Fledermausart) war blamabel: Die Leute stießen ständig gegeneinander und wussten nicht, wo sie hinliefen. Das menschliche Gehör ist viel schwächer als das von Fledermäusen. Aber so hat Lucier erkannt, dass wir trainieren sollten, nicht nur auf Töne zu hören, sondern auch auf ihre Reflexionen an Wänden, Decken und Mitmenschen. Er komponierte danach noch zahlreiche Stücke darüber.

Der singende Computer

Wann gab es die erste singende Maschine? Filmfans denken sofort an das Jahr 1968 und den meuternden Computer HAL 9000 aus Stanley Kubricks berühmtem Science-Fiction-Film „2001: Odyssee im Weltraum". Aber HALs Lied, das inzwischen über einhundert Jahre alte „Daisy Bell", hatte schon 1961 der Computer IBM 704 gesungen, programmiert von **Max Mathews und John Kelly**.

Diese amerikanischen Ingenieure haben dem Computer natürlich keine Gesangsstunden gegeben. Wir wissen, dass jedes Geräusch und damit auch jedes gesprochene oder gesungene Wort eine Schwingung der Luft und der uns umgebenden Materie ist. Auch elektrischer Strom kann in gewisser Weise „schwingen". Er tut dies, indem er immer wieder schnell Richtung und Intensität ändert: Mal fließt er in die eine Richtung, dann in die andere, mal stärker, dann schwächer. Diese Schwingungen können wir heute in Schwingungen einer Lautsprechermembran umwandeln. Wir müssen dem Computer also nur beibringen, den schwingenden Strom richtig auf den Lautsprecher zu übertragen, dann können wir ihm x-beliebige Geräusche entlocken: ganz neue künstliche Klänge, aber auch solche, die natürlichen Klängen zum Verwechseln ähnlich sind. Die können dann klingen wie eine Sprech- oder sogar eine Singstimme.

Spielst du Schach
gegen mich?

Es gibt also keinerlei Unterschied zwischen der Stimme von Lady Gaga, dem Getuckere eines Traktormotors und den „künstlichen" elektronischen Geräuschen von Computern oder anderen Klangmaschinen – es handelt sich immer nur um Schwingungen. Als einer der Ersten erkannte das der Avantgardekomponist **Karlheinz Stockhausen***. Mit seiner Komposition **Gesang der Jünglinge**

* Mehr zu Karlheinz Stockhausen folgt auf den Seiten 118 – 119.

aus dem Jahr 1956 hat er Neuland betreten, indem er elektronische Klangeffekte mit Aufnahmen einer engelgleichen Knabenstimme gemischt hat. Damit war der erste Superhit der elektronischen Musik geboren, den zum Beispiel John Lennon von den Beatles* ganz großartig fand. Aber das ist wieder eine andere Geschichte …

*Die Beatles und John Lennon kommen auch auf den Seiten 76 und 103 – 105 vor.

Spaziergang im Inneren des Tones

1 Wie viel würdest du für eine gute Geige ausgeben? Die dreihundert Jahre alten Instrumente, die nach ihrem Erbauer **Stradivari** genannt werden, kosten ein paar Millionen Euro. Liebhaber finden nämlich, dass sie einen unvergleichlichen Klang haben.

Die Wissenschaft ist sich immer noch uneins über das Geheimnis der Stradivari. Manche behaupten, es liege am Holz und der besonderen Schichtung der Jahresringe, die heute nicht mehr vorkomme. Andere meinen, Meister Stradivari habe die Geigen mit einer besonderen Tinktur behandelt. Wieder andere glauben, hier wirke einfach der große Name, schließlich könne nachweislich niemand eine **Stradivari** von anderen hochklassigen Geigen am Klang unterscheiden.

Jedenfalls gelten die Instrumente heute als Kunstwerke, Kenner halten allein ihren Ton schon für eine außergewöhnliche, kostbare Komposition. Ja, eine Komposition, denn ihr Ton setzt sich (wie fast alle Geräusche um uns

herum) aus einer Vielzahl zarter Schwingungen zusammen: den Obertönen. Die Anordnung dieser Mikrotöne ist nicht nur bei Stradivari und anderen Geigen nahezu identisch, sondern auch bei Flöten, Posaunen und Celli. Die feinen Unterschiede in der Lautstärke und im Ausklang der Obertöne bewirken, dass wir komplett verschiedene Instrumente hören, selbst wenn alle dieselben Töne oder Melodien spielen.

2 Schon als Kind war der amerikanische Komponist **La Monte Young** von der Vorstellung fasziniert, ein einzelner Ton könne ein ganzes Musikstück sein. Nur lauschte er keiner Stradivari, sondern den erhabenen, scheinbar konstanten Tönen schwingender Hochspannungsleitungen. Als Erwachsener gründete er dann das Ensemble **Theatre of Eternal Music**. Er brachte den Musikern bei, gewöhnliche Instrumente oder die menschliche Stimme so zu beherrschen, dass sie das Spektrum der Obertöne kontrolliert in seine Einzeltöne zerlegen konnten. Bei ihren Konzerten spielten die Musiker nur wenige Noten, das Publikum hörte aber eine Vielzahl ungeahnter Melodien und Harmonien aus den zum Leben erweckten Obertönen.

Eine andere Idee La Monte Youngs war das **Traumhaus** (*Dream House*, 1973), in dem der Zuhörer selbst zum Komponisten wurde, wenn

er sich durch einen eigens dafür vorbereiteten Raum bewegte. Auf seinem Spaziergang bekam er die ganze Zeit über aus Lautsprechern dieselben vereinzelten Obertöne zu hören. Aber jeder Schritt, der ihn bestimmten Obertönen näherbrachte, entfernte ihn gleichzeitig von anderen. Dadurch beeinflusste und veränderte er laufend seine Komposition.

Teil 2

Wo ist Musik?

Musik ist

überall

„Alles ist Musik“, haben wir schon von John Cage gehört.* Wer weiß, ob er auch ohne das inspirierende New York zu dieser Einsicht gelangt wäre. Dort hatte er Konzertsaal, Oper und zahllose Jazzclubs um sich, ganz zu schweigen von den spannenden Geräuschen, die diese Millionenstadt unablässig von sich gab.

Aber schon Jahrtausende zuvor war man andernorts auf den Gedanken gekommen, die ganze Welt sei eine große Komposition.

* auf Seite 20

Die Schüler des griechischen Philosophen Pythagoras glaubten, das All sei nach musikalischen Gesetzen aufgebaut, und die Planeten, Sonne, Mond und Sterne brächten einen harmonischen Klang hervor, den das menschliche Ohr aber leider nicht wahrnehmen könne.

Auch der große amerikanische Komponist **Charles Ives** und sein Vater **George** glaubten an eine Verbindung zwischen Kosmos und Musik. Nicht zufällig nannte Ives sein letztes, unvollendetes Werk **Universe Symphony** (1915-1954). Der Komponist wollte darin die Entstehung und Entwicklung des bekannten Kosmos nachzeichnen und dabei unter anderem zwanzig unterschiedliche Melodien gleichzeitig erklingen lassen.

Begonnen hatte alles mit George Ives. Er wurde zu einer Zeit geboren, als ein gewisser Frédéric Chopin in Paris und ganz Europa der Super-

star war. Und obwohl Ives sein gesamtes Leben in der amerikanischen Provinz verbrachte (also am Ende der Welt), kam er auf Ideen, bei denen Chopin schwindelig geworden wäre. Er erfand neuartige Melodien, die man auf keinem bekannten Instrument spielen konnte. Darum spielte er sie auf präparierten Gläsern und Maschinen, die er in einem alten Schrank gebaut hatte. Er schrieb auch Werke für mehrere Blaskapellen, die nicht aufeinander hörten, und versuchte einmal zum amerikanischen Unabhängigkeitstag, das Echo über einem nahe gelegenen Teich in sein Konzert einzubeziehen.

Man muss also nicht in Paris oder New York leben, um außergewöhnliche Musik zu schreiben – die „Sinfonie des Universums“ ist überall zu hören. Das besondere Verdienst vieler herausragender Musiker des 20. Jahrhunderts lag darin, Musik dort entdeckt zu haben, wo niemand sie vermutete.

Musik ist in der

Umwelt

1 Unsere gesamte Umgebung lässt sich in ein Musikinstrument verwandeln. Wäre es nicht toll, sich irgendwo hinzustellen, mitten in der Stadt, und ein Konzert zu dirigieren, das alles um uns herum mit einbezieht? Du streckst die Arme nach links, hebst sie an, und alle Autos lassen ihre Motoren aufheulen. Dann machst du einen Wink nach rechts, und die Leute auf dem Zebrastreifen fangen an zu singen. Als ei-

ner der Ersten hat der russische Komponist **Arseni Awraamow** sich so etwas einfallen lassen. Schon 1922. Er stand in Baku, der Hauptstadt des heutigen Aserbaidschan, am Ufer des Kaspischen Meeres auf einem hohen Podest, hatte aber keinen Taktstock in der Hand, sondern zwei Flaggen. Vor sich hatte er eine Reihe Chöre, die Flottille der Kriegsschiffe mit ihren Sirenen, dazu Wasserflugzeuge und mehrere Infanterieregimente inklusive Maschinengewehr-Division. Über die Fabriksirenen der Stadt konnte er auch noch verfügen. Hunderte Soldaten und Arbeiter warteten darauf, dass der Maestro ihnen den Einsatz gab. Er hob die Arme, die Flaggen flatterten im Wind, bis er sie nach einem Augenblick höchster Anspannung heftig nach unten riss. Daraufhin ertönten zwölf Explosionen. So begann die **Sirenen-Sinfonie** (*Simfonija gudkow*). Kurz darauf setzten die Schiffssirenen, die Chöre und die Propeller der Wasserflugzeuge ein, alles streng im Takt nach weiteren Flaggenwinken. Wer solch ein Stück auch einmal dirigieren möchte, braucht nur genügend Freunde, die nach seiner Flagge tanzen ...

ДАВАЙ

2 Der Antrieb, die Geräusche einer Stadt zu dirigieren, kann aber auch ganz woandersher kommen. Der kanadische Komponist und Klangforscher **Raymond Murray Schafer** wurde bekannt für sein Bestreben, Lautstärke zu reduzieren. In seinem berühmten Aufsatz **Die Musik der Umwelt** (*The Music of the Environment*, 1973) stellte er fest, es sei einfach zu laut um uns herum. Da wären zu viele Geräusche, also sollten wir nicht noch mehr erzeugen, sondern lieber welche entfernen. Er sah seine Mission darin, Autos, Straßenbahnen, Hochspannungsleitungen, Presslufthämmer und andere Krachmacher in unseren Städten stillzulegen. Erst dann wären wir in der Lage, die Sinfonie des Universums zu erfassen: feines Windsäuseln, Wasserrauschen oder flüchtige Straßengespräche. Bislang hat der Komponist sein Ziel nicht erreicht, aber wenn wir uns Mühe geben, sind wir vielleicht bald schon von weniger Geräuschen umgeben und können die dafür umso genauer wahrnehmen.

GE
NTOWN
Halten Sie mal die Luft an, dann können Sie den Wind hören.
Sirenen brauchen wir nicht mehr.
UNIC
CAMERA
CENTER
Mr Boomx
OUR PRICES ARE
A&B BOOK
Lassen Sie mal Stille laufen!
1.
Psssst, nicht so laut.

Musik ist in der Stadt

Heulen, Donnern, Krachen, Knallen, Dröhnen, Rattern, Pfeifen, Zischen, Schnauben, Wispern, Knurren, Murmeln, Grunzen, Gluckern, Knirschen, Quietschen, Rauschen, Summen, Läuten, Scharren – das alles hörte **Luigi Russolo** 1913 um sich herum. Und sicher nicht nur er, aber der junge italienische Künstler wagte zu behaupten, diese Geräusche der modernen Stadt seien musikalisch weitaus faszinierender als der olle Beethoven! In seinem Text **Die Kunst der Geräusche** (*L'arte dei rumori*, 1913) rief er dazu auf, die großen Komponisten zu vergessen und Werke aus modernen Geräuschen zu kompo-

nieren. Dafür erfand er Geräuschmaschinen, die *intonarumori*. Das waren Holzkisten mit dicken, festen Saiten im Inneren, die durch eine Drehscheibe aus Holz zum Schwingen gebracht wurden. Jede dieser Maschinen bekam einen eigenen Namen: Heuler, Knaller, Summer, Pfeifer, Gluckser … Sie sollten klingen wie die Stadt selbst, aber noch lauter und vielfältiger. Nicht umsonst nannte er eine der ersten Kompositionen mit diesen Maschinen **Das Erwachen einer Stadt** *(Risveglio di una Città,* 1913). Das Schaffen Russolos und seiner von der Moderne faszinierten Kollegen ging als „futuristische Musik" in die Geschichte ein.

Musik ist im freien Feld

1 Wenn Schallwellen auf unser Ohr treffen, setzen sie eine ganze Maschinerie teils winziger Gerätschaften in Bewegung: Ohrmuschel, Trommelfell, die Gehörknöchelchen Hammer, Amboss und Steigbügel – sie alle geraten nacheinander in Schwingung und leiten so den Schall bis in unser Gehirn. Aber wenn Hören nichts anderes ist als das Schwingen bestimmter Körperteile, können vielleicht nicht nur Menschen und andere Lebewesen hören, sondern auch in Schwingungen versetzte Gegenstände. Was würde dann eine im Wasser schwimmende Boje hören, eine leere Flasche im Straßengraben

oder eine Uferbefestigung aus Beton, wenn gerade ein Schiff durch den Kanal fährt? Wir hätten das nie erfahren, wenn nicht der japanische Künstler **Toshiya Tsunoda** sein Arsenal an Mikrofonen in zahlreichen Objekten untergebracht hätte, in die wir sonst nicht hineinlauschen können. Diese Aufnahmen montiert er direkt zu Kompositionen und veröffentlicht sie auf CDs wie **Stücke aus Luft** (*Pieces of Air*, 2001), die unter anderem Klänge aus einem Rohr, einer Flasche oder das Echo eines Raumes enthält.

Francisco López

2 Wie oft hat man Gelegenheit, mitten im tropischen Regenwald von Costa Rica zu sein und seinen Klängen zu lauschen? Eher selten? Kein Problem. Wer solch exotische Orte hören möchte, muss sie nicht unbedingt besuchen. Das hat nämlich schon der spanische Biologe und Komponist **Francisco López** mit seinen Mikrofonen getan. Die Naturklänge, die er bei seinen Reisen aufzeichnet und dann auf Platten herausbringt, sind mit nichts zu vergleichen, was wir normalerweise hören. Unsichtbare Insekten und rauschende Baumkronen sind dabei lauter als so manches große Tier. Vogelstimmen können durchdringender sein als das lauteste Menschengebrüll. Und Wetterereignisse wie Regen, Wind oder Gewitter klingen wie heranstürmende Horden wilder Bestien.

Manchmal werden Städte als „Betonwüsten" bezeichnet. Lauscht man den Aufnahmen von López, wird klar, dass auch die Natur klingen kann wie eine große, lebende Fabrik unter Volldampf. Das ist zum Beispiel auf seinem Album **Der Dschungel** (*La Selva, 2001*) zu hören, das über eine Stunde Klänge aus dem Regenwald von Costa Rica enthält.

3 Toshiya Tsunoda und Francisco López sind sich in einem Punkt sicher einig: Sucht man den richtigen Ort aus, kann man Musik machen, ohne neue Klänge erschaffen zu müssen. Man muss sich nur in die einhören, die schon da sind, und sie richtig aufzeichnen. Das Ganze nennt sich dann **Feldaufnahmen**.

Musik ist in einem kaputten

Computer

Folgende Sinfonie erklingt in zahlreichen Büros in so mancher Stadt: Sie beginnt um 8 Uhr und endet um 16 Uhr. Da sie nicht besonders laut ist, verlangt sie den Zuhörern besondere Konzentration ab.

Sie eröffnet mit dem Eintippen des Türcodes von jemandem, der gerade zur Arbeit gekommen ist. Der erste Satz ist lebhaft: das Rauschen des hochfahrenden Computers, das Pfeifen der Kaffeemaschine, dreimaliges Klingeln des Telefons, siebzehn Plings für neue Nachrichten im Posteingang, drei Blubbs von Freunden, die auf Facebook quatschen wollen, das Röcheln des Druckers, der sich dienstbereit meldet, und schließlich das Türenschlagen und Fußgetrappel der Kolleginnen. Nun sind alle Ausführenden auf der Bühne, Ende erster Satz. Doch zu Beginn des zweiten Satzes bricht das Rauschen des Computers unvermittelt ab. Aufgeregtes Tastengeklapper. Der Computer, neu gestartet, rauscht ein Weilchen ... und verstummt wieder. Und wieder. Und wieder. Nervöses Einhämmern auf die Tastatur. Hektisches Getippe beim Anruf des Computerspezialisten. Das regelmäßige Tuten des Freizeichens. Und endlich die Stimme im Hörer: „Wird heute nichts mehr." Die auf acht Stunden angelegte Sinfonie ist nach kaum vierzig Minuten abrupt zu Ende.

So könnte ein Werk des Komponisten **Kim Cascone** klingen, dessen wichtigstes Arbeitsmittel der Computer ist. Seine Musik basiert häufig auf Klängen, die anzeigen, dass dieses Instrument nicht mehr funktioniert: kurze Piepser oder endloses Dauerrauschen. Das erinnert dann an die Tonspur eines alten Computerspiels, ist aber nicht ganz so laut. Nachzuhören zum Beispiel auf dem Album **Kathodenblume** (*Cathode Flower*, 1999).

Immerhin haben sie hier ordentliche Musik ...
404
YES
NO
41
Kim Cascone

... den Rest kannst du nämlich knicken.

Musik ist

im Bauch

Wenn du keine Lust mehr hast, in deiner Umgebung Musik zu suchen, in deinem Zimmer, draußen, im Computer oder in einer weggeworfenen Flasche, bleibt dir immer noch die Suche in ... dir selbst. Das hat der französische Ausnahmemusiker und Dichter **Henri Chopin** erkannt. Seine wichtigste Erkenntnis gab einer seiner Kompositionen den Namen: **Der Körper ist eine Klangfabrik** (*Le Corps est une usine à sons*, 1981). Jahrelang hat er in dieser Fabrik gearbeitet, seine Werkzeuge waren Lunge, Zunge, Zähne, Kehlkopf und Luftröhre. Er verwendete sie auf alle erdenklichen Arten: Er schnaufte, zischte, pfiff, schnalzte, schrie, trillerte und schmatzte. Dabei war er sich bewusst, dass sie mit anderen Organen und Körperteilen in Verbindung standen, deshalb krümmte er, wenn er Laute von sich gab, die Wirbelsäule, fuchtelte mit den Armen und brachte seine Innereien in Wallung. Dann lauschte er auf ihre Töne. Die Ergebnisse waren fulminant – so etwas hatte man noch nicht gehört!

Chopin konnte auch gluckerndes Wasser oder Instrumente wie Schlagzeug und Klarinette täuschend echt nachahmen. Um auch noch die verborgensten Resonanzen seines eigenen Körpers aufzuzeichnen, verschluckte er sogar ein Minimikrofon. Obwohl in seiner Lautsprache kaum ein verständliches Wort vorkam, nannte man ihn „**Lautpoet**". Wer ihm zuhört, bekommt eine Ahnung davon, wie unsere Sprache klingen könnte, würden wir sie nicht von unseren Eltern lernen, sondern aus uns heraus.

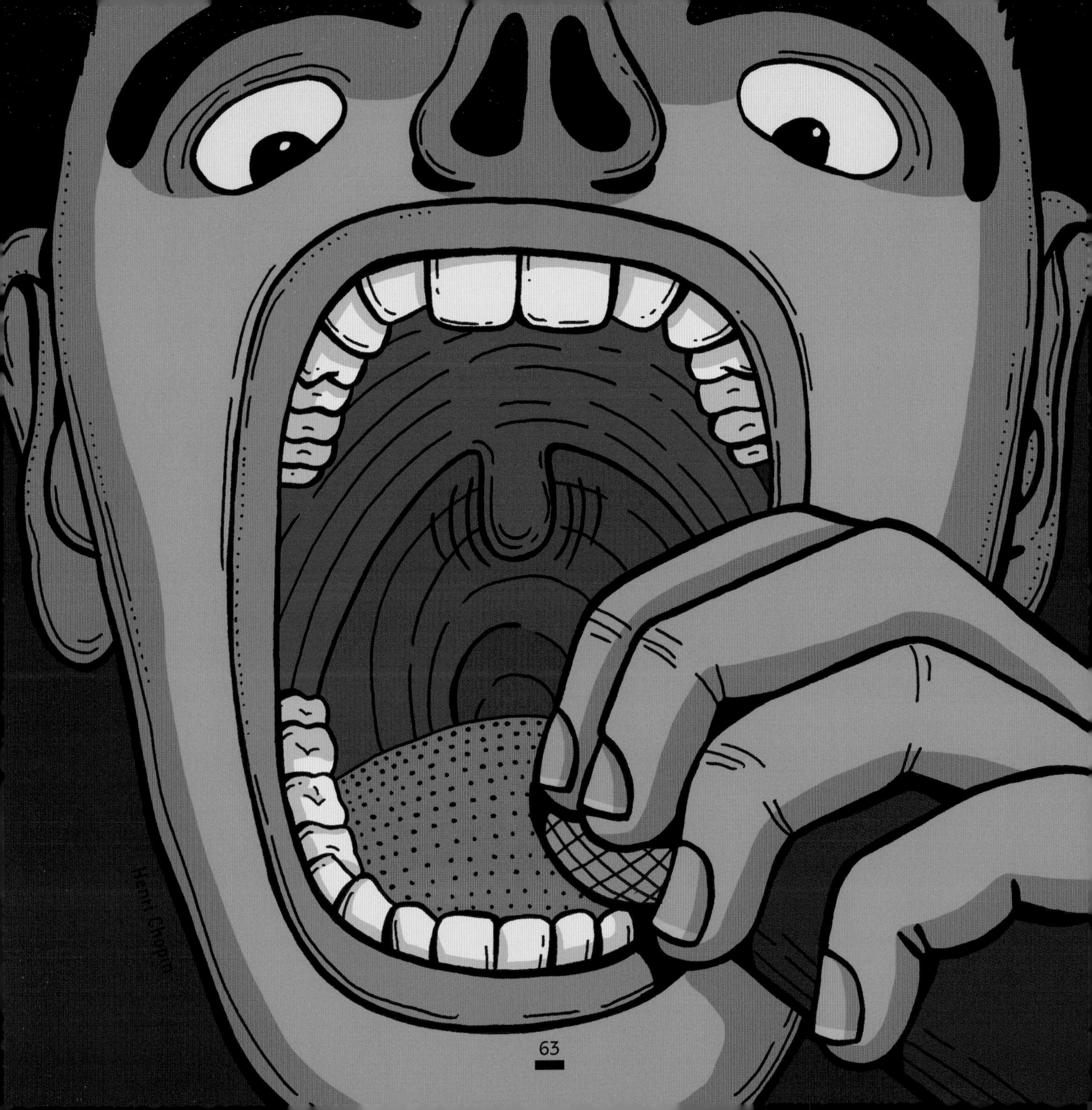
Henri Chopin

Teil 3

Musik-maschinen

1 Seit Ewigkeiten wartet die Menschheit darauf, dass die tote Materie zu ihr spricht. Vor rund 350 Jahren hatte der deutsche Jesuit **Athanasius Kircher** das Warten satt und nahm die Sache selbst in die Hand. 1673 veröffentlichte er in seiner Schrift **Neue Hall- und Thon-Kunst** die Anleitung zum Bau einer sprechenden Statue. Sie

sollte die Zuhörer in Erstaunen versetzen, indem sie mit beweglichem Mund sprach, sang, lachte oder weinte. Kircher war allerdings kein Magier, sondern ein findiger Konstrukteur. Seine Statue war mit einem verborgenen Rohrsystem verbunden, das ihr die Stimme eines im Nebenraum Sprechenden oder Singenden in den Mund legen sollte.

2 Gut einhundert Jahre später, 1791, konstruierte der Erfinder **Wolfgang von Kempelen** im Königreich Ungarn einen anderen Mechanismus ohne solche Schummeleien. Nach detaillierten Berechnungen und zahlreichen Fehlschlägen war sein Apparat, der den menschlichen Sprechorganen nachempfunden war, endlich fertig. Ein Blasebalg ersetzte die Lunge, Bauteile aus Holz und Gummi imitierten Kehlkopf, Mund, Nase und Zunge. Schickte man mit dem Balg Luft

hindurch, konnte man Geräusche erzeugen, die an die menschliche Sprache erinnerten, sogar an konkrete Wörter und Sätze auf Französisch, Italienisch oder Latein! Allerdings musste derjenige, der die Sprechmaschine bediente, ähnlich geschickt sein wie ein Musiker auf seinem Instrument. Kempelens **Sprechmaschine** war nämlich eigentlich ein Blasinstrument, ähnlich einem Dudelsack. Von ihm hatte sich der Erfinder auch das wichtigste Detail abgeschaut: das Rohrblatt, das die Luft zum Schwingen brachte.

Klang-brücke

Köln am Rhein und San Francisco in den Vereinigten Staaten: Diese beiden Städte liegen auf verschiedenen Kontinenten und sind etwa neuntausend Kilometer voneinander entfernt. Trotzdem waren sie 1987 für eine Stunde durch eine Brücke verbunden. Erbaut hatte sie der amerikanische Künstler **Bill Fontana**. Aber nicht mit Ziegelsteinen und Bögen, er musste ja den kompletten Atlantik überbrücken! Man konnte seine Brücke zwar weder befahren noch begehen, dafür konnte man über sie hören, was am anderen Ende los war. Der Künstler nannte sie **Satelliten-Ohrbrücke** (*Satellite Ear Bridge Cologne-San Francisco*), weil er mit zwei Rundfunksatelliten arbeitete. Sie ziehen in 35.000 Kilometern Höhe ihre Bahnen und funktionieren wie gigantische Spiegel. Sie können empfangene Radiosignale nicht nur zurückschicken, sondern sie auch so verstärken, dass sie in andere Länder gesendet werden können.

San F
cisco

Bill Fontana
Damals musste man sich noch ziemlich verkünsteln, um so eine Brücke zu bauen.
Geostationäre Satelliten, sündhaft teure Technik am Boden und so weiter …

Heute ruft man einfach seinen
Instant Messenger auf ...

... verbindet sich mit seinen Kontakten
und kann drauflos musizieren.

In diesem Fall übermittelte das Signal Geräusche aus San Francisco, aufgenommen von Mikrofonen überall in der Stadt. Via Satellit wurden sie nach Köln geschickt, wo zur gleichen Zeit ebenfalls Geräusche eingefangen wurden. Das gesamte Tonmaterial landete im Hörfunkstudio des WDR, wo Bill Fontana am Mischpult ein einstündiges Stück aus den Klängen beider Städte komponierte. So traf das Tuten der Nebelhörner an der Golden Gate Bridge auf die Geräusche der Rheinkähne. Per Satellit konnte die Komposition in Köln, San Francisco und über Dutzende Rundfunkstationen auch in vielen anderen Städten live verfolgt werden. Also legte der Klang auf dem Weg über die Brücke in Wirklichkeit nicht nur neuntausend Kilometer zurück, sondern wesentlich mehr: 35.000 Kilometer von San Francisco bis zum Satelliten, noch mal 35.000 vom Satelliten bis nach Köln und anschließend, neu gemischt, noch einmal so viele zurück!

Indios am Klavier

Die Band ist schon auf der Bühne. Der Sänger schnappt sich das Mikrofon, aber aus den Lautsprechern ist nicht seine Stimme zu hören, sondern ein ohrenbetäubendes Fiepen. Wer kennt das nicht? Das Fiepen entsteht, wenn das Mikrofon dem Lautsprecher zu nahe kommt und dessen verstärkte und veränderte Töne aufnimmt. Dann wandern sie vom Mikrofon nochmals verstärkt zum Lautsprecher, wieder zurück zum Mikro und immer so weiter. So entsteht dieses unangenehme Fiepen. Bei den Profis heißt das Rückkopplung, für die Veranstalter von Rockkonzerten gibt es nichts Schlimmeres.

Nicht so für Rockgitarristen ... Sie haben entdeckt, dass es auch zu so einem Feedback kommt, wenn sie ihre E-Gitarre vor die Boxen halten, bis die Verstärkergeräusche die Saiten zum Schwingen bringen. Dieses Fiepen lässt sich dann effektvoll einsetzen. Das angeblich erste E-Gitarren-Feedback auf Platte findet sich 1964 im Song **I feel fine** von den **Beatles**. In seinen Konzerten hatte der Bluesgitarrist Buddy Guy es schon in den 1950er Jahren eingesetzt, im Studio wurden ihm solche „Eskapaden“ untersagt. Schließlich wurde die E-Gitarre nicht erfunden, damit dann einer vorführt, wie sie streikt und kreischt.

Paul for President!
John! Nimm mich mit in die Erdbeeren!
Halt mich!
Ihr seid die Liebe!
Jaaaa!
Naaaaaa naaa naaa nanana naaa …
Ich liebe euch!
George! Du bist der Größte!
Ringooooooo! Ich liebe dich!
Mehr davon!!!
Uaaaaaaaaaa!
Hey! Ich bin's! Judy!
Heirate mich!
Come on! Come on! Come on!
Das ist zu viel!
Ich kipp um …
AAAAAAAAA!
Ich komme!
Oh yeaaah!
Kreisch!

Vielleicht lohnt es sich ja, Instrumente auch mal anders zu gebrauchen, als sie gedacht sind. Schließlich sind sie für die Musik zur Zeit ihrer Erfindung entwickelt worden und nicht für Werke, die erst noch entstehen werden. Als Bartolomeo Cristofori im 18. Jahrhundert den Hammerflügel erfand, beglückte er damit die Musiker seiner Zeit: Sie konnten mehrere Melodien gleichzeitig spielen, außerdem wechseln zwischen laut und leise, hoch und tief. Aber haben Musiker dreihundert Jahre später nicht andere Bedürfnisse?

Manche schon, wenn man sich **Guero** des deutschen Komponisten **Helmut Lachenmann** aus dem Jahr 1970 anhört. Er schlägt keine einzige Taste an, sondern reibt nur mit dem Fingernagel darüber. Er spielt das Klavier so wie die südamerikanischen Indios einen ausgehöhlten und eingekerbten Kürbis, ein Perkussionsinstrument, das sie „guero" nennen. Gut, dass Bartolomeo Cristofori das nicht mehr erleben muss.

Instrumente für jede Gelegenheit

Um Musiker zu sein, muss man nicht unbedingt ein Instrument beherrschen. Wer noch keines spielt, muss sich also keine Gedanken machen. Man kann auch Elektromotoren einspannen, die für einen musizieren. Oder selber ein Instrument erfinden, das man spielen kann.

---

1 Wer Instrumente, aber keine Musiker hat, kann ein Orchester à la „**Pierre Bastien***[*] im Hobbykeller" ausprobieren.

---

* Pierre Bastien (geb. 1953) ist ein französischer Komponist und Konstrukteur mechanischer Instrumente. Bekannt ist er vor allem als Schöpfer eines Orchesters aus Elektromotoren, die auf traditionellen Instrumenten spielen. Seine Musik ist in Konzertsälen, Kunstgalerien, bei Modeschauen, in Filmen und Theatern zu erleben.

Du benötigst:

Triangel

Schere

Tamburin

Kleber

Elektromotoren (6x)

Kunststoff-, Papp- oder Blechplättchen (30x)

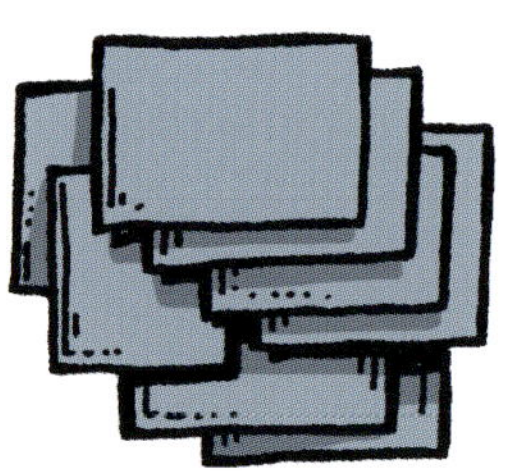

Bau die Instrumente so auf, dass sie nicht umkippen können, immer mit Sicherheitsabstand. Vor jedem platzierst du einen kleinen Elektromotor. Bring an ihren Rotoren auf gut Glück Plättchen an, die bei laufendem Betrieb die Instrumente oder ihre Saiten berühren und zum Klingen bringen. Mit unterschiedlichen Drehgeschwindigkeiten kannst du eigene Rhythmen und Melodien erzeugen, zunächst auf jedem Instrument für sich. Dann verbindest du sie zu einer Komposition. Oder du variierst während des Konzertes die Geschwindigkeit.

2 Wer Musiker, aber keine Instrumente hat, kann es wie die „**Einstürzenden Neubauten***“ am Strand“ machen:

Du benötigst:

Plastikflaschen unterschiedlicher Größe, je mehr, desto besser

starkes Klebeband

eine Band (hier: Einstürzende Neubauten)

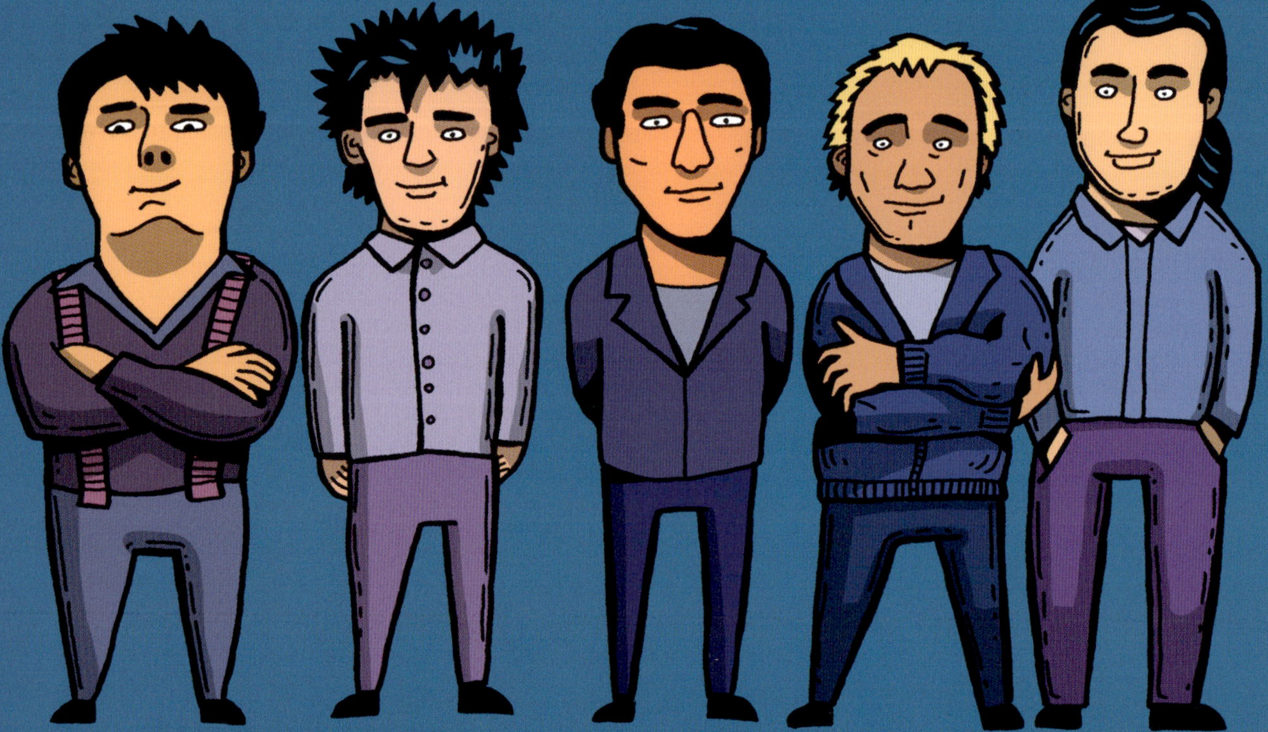

* Die Westberliner Musikgruppe *Einstürzende Neubauten* gründete sich 1980. Ein Großteil des Materials, aus dem die Bandmitglieder ihre Instrumente bastelten, fanden sie auf Schrottplätzen und in großstädtischen Wohnsiedlungen.

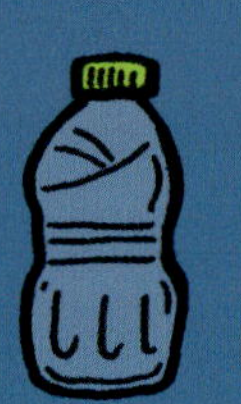

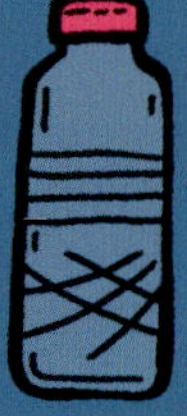

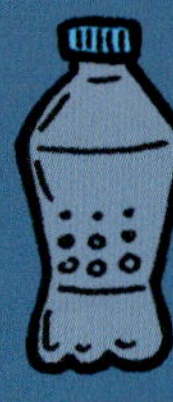

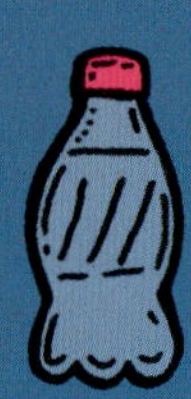

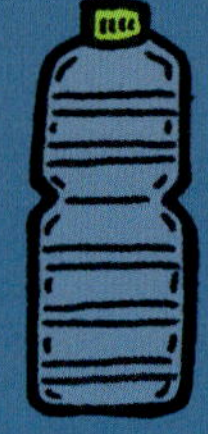

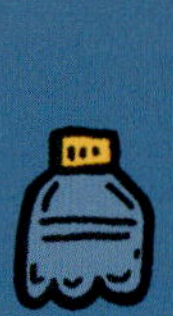

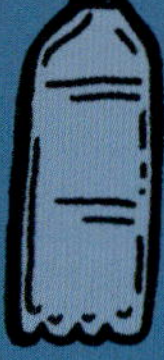

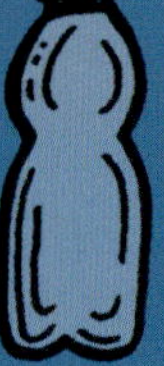

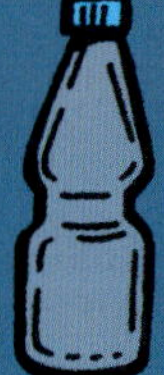

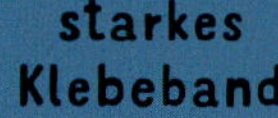

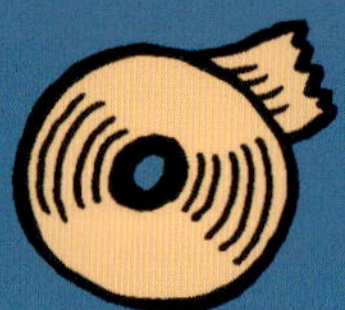

Fahrradrad

Felge

Decke

Rohre (aus verschiedenen Materialien, 7x)

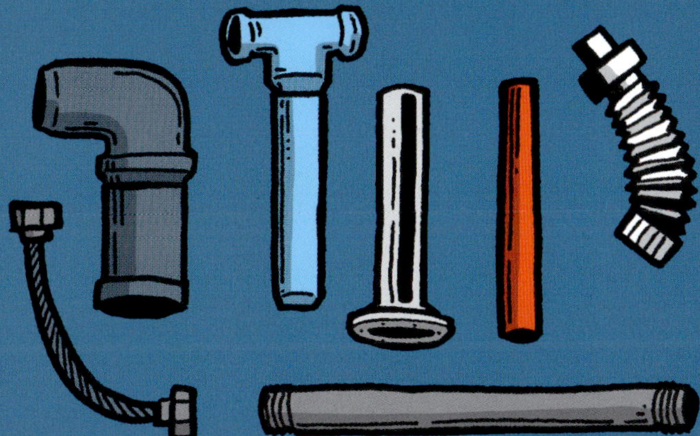

Stöcke (unterschiedlich lang, 5x)

Kette

4 Liter Wasser

Streichhölzer

Taschentücher

Probier alle Möglichkeiten durch, wie sich Geräusche hervorbringen lassen.

Wer spielt schon gern

Maschine?

„Na wir!", hätten die Mitglieder der Düsseldorfer Band **Kraftwerk** geantwortet, die 1978 das Album **Die Mensch-Maschine** einspielte. Es enthält elektronisches Gezirpe, Maschinenrhythmen und Roboterstimmen. Die Musiker wollten auch bei Konzerten als Maschinen erscheinen und ließen sich schließlich auf der Bühne von echten Robotern vertreten. Dieser „unmenschliche" Einfall verhalf ihnen zu enormer Popularität und inspirierte Tausende Künstler in aller Welt.

Aber was ist so toll daran, Maschine zu spielen? Antworten halten die Werke des amerikanischen Komponisten **Steve Reich** bereit, von dem die Kraftwerker viel gelernt haben. In den 1960er Jahren schuf der seine Werke mithilfe von Maschinen, genauer: mit Tonbandgeräten*. Mit ihnen zeichnete er interessante,

* Tonbandgeräte wurden als Aufnahme- und Abspielgeräte in der zweiten Hälfte des 20. Jahrhunderts verwendet, als es noch keine MP3-Player gab.

nur sekundenlange Fragmente sprachlicher Äußerungen auf, kombinierte sie, wiederholte sie bis ins schier Unendliche, mal schneller, mal langsamer, und legte sie übereinander. Irgendwann bat er Musiker, dasselbe live mit ihren Instrumenten zu tun. Da zeigte sich, wie spannend es sein kann, menschliche Maschine zu spielen, weil ... es nie ganz gelingt.

Reichs Musiker erreichten eine bis dahin ungeahnte rhythmische Präzision, blieben aber hinter den einfachsten Tonbändern zurück. Aber gerade die minimalen Abweichungen sorgten dafür, dass die scheinbar monotone Musik Reichs unendlich vielfältig und dynamisch wurde, wie die Meeresoberfläche mit ihren gleichförmigen und doch unterschiedlichen Wellen. Jahre später gesellte sich der

polnische Jazzpianist Leszek Możdżer zu den Reich-Interpreten und spielte synchron auf zwei Klavieren die **Klavier-Phase** (*Piano Phase*, 1967), die eigentlich für zwei Pianisten gedacht war. Nach dem Konzert sagte er: „Ohne mein privates Fitnessstudio und spezielle Armstützen hätte ich das nie hinbekommen. Ich musste vier Tage lang pausieren und konnte mich kaum bewegen. Dabei war die Aufführung alles andere als ideal …"

Teil 4

Wer ist Musiker?

Nichtmusiker

sind Musiker

Brian Eno ist der wohl einzige Starmusiker, der stolz darauf ist … kein Musiker zu sein. Er hat die Musikschule abgebrochen (eigentlich ist er bildender Künstler), kein Instrument richtig gelernt und trotzdem die Musikgeschichte beeinflusst. Er war in mehreren musikalischen Gattungen aktiv, hat einige sogar erfunden und bekannten Musikern wie der Band U2 bei der Produktion wegweisender Alben so geniale Ideen mitgegeben, dass andere die gerne übernommen haben. Und alles nur, weil er die technischen Möglichkeiten von Tonstudios optimal zu nutzen verstand. Um Komponist zu sein, genügt es ja heute schon, eine interessante, nie dagewesene Tonfolge zu hören oder zu erfinden und sie dann mit der entsprechenden Technik einzuspielen.

Brian Eno selbst hat immer wieder betont, als Musiker brauche man keine Ausbildung, sondern nur gute Ideen. Aber funktioniert das auch ohne Tonstudio? Ja, Brian Eno hat es bewiesen. Lange bevor er weltberühmt wurde, gehörte er zum Scratch Orchestra, dessen Mitglieder meist keine musikalische Vorbildung hatten, aber hochvirtuos mit ihren Stimmen oder mit Gebrauchsgegenständen umgehen konnten. Später wechselte er in eine noch verrücktere Truppe, die **Portsmouth Sinfonia**. Sie sah aus wie ein gewöhnliches Sinfonieorchester. Nur beherrschte eben keiner sein Instrument. Eno als angehender Pianist spielte dort zum Beispiel … Klarinette.

Man kann sich vorstellen, dass dieses Orchester kaum ein paar Töne hintereinander richtig traf. Trotzdem wagte es sich an anspruchsvolle klassische Werke. Und schon bald füllte es große Säle. Denn die Konzerte des „Loser-Orchesters" waren nicht nur lustig, sondern auch lehrreich. Der große Dirigent Leonard Bernstein räumte ein, die Interpretation der Portsmouth Sinfonia habe ihm einen gänzlich neuen Zugang zur berühmten **Wilhelm Tell-Ouvertüre** von Gioacchino Rossini* eröffnet.

Profimusiker spielen ihren Part fehlerfrei und wie vorgesehen. Nichtmusiker sehen manchmal etwas komplett anderes vor und erlauben sich dann auch noch jede Menge Fehler. Manchmal kommt spannende Musik dabei heraus …

* Eine Einspielung dieser Ouvertüre findet sich auf der ersten Platte des Orchesters (*Portsmouth Sinfonia Plays the Popular Classics, 1974*).

Brian Eno

Musiker sind

Hinhörer

„Plagiator" – mit diesem wenig schmeichelhaften Ausdruck bezeichnet man Künstler, die auf die Werke anderer zurückgreifen und sich dann als Urheber bezeichnen. Manchmal muss man aber tatsächlich Künstler sein, um die Musik anderer zu hören und in ihrer Bedeutung zu erkennen.

„Der ganze Raum, in dem sonst immer Trubel herrschte, war sonderbar still. Die Leute bewegten sich viel langsamer als sonst, manche saßen einsam da und weinten leise." So erinnerte sich der britische Komponist **Gavin Bryars*** an einen besonderen Moment des Jahres 1971. Welcher Musiker hätte ihn nicht um ein so eindrucksvolles Konzert beneidet? Nur war es nicht seine eigene Komposition, die die Zuhörer derart ergriffen hatte, sondern das Lied eines anonymen Obdachlosen, das Bryars zufällig mitgeschnitten hatte und als Endlosschleife in seinem Büro an der Universität Leicester laufen ließ.

So entstand die Idee zu dem Stück **Jesus' Blood Never Failed Me Yet** (*Jesu Blut ist mir nie versiegt*), in dem der kurze Mitschnitt endlos wiederholt und mit Orchesterbegleitung unterlegt wird. Der anrührende Gesang des Obdachlosen, den man nicht mehr ausfindig machen konnte, ging um die Welt und bescherte Gavin Bryars den Ruf, einer der originellsten Komponisten Großbritanniens zu sein.

Komponisten müssen also nicht unbedingt ganz neue Werke erfinden. Manchmal genügt es, hinzuhören und die anderen auf etwas hinzuweisen, das ihnen sonst entgangen wäre. Als Musiker muss man auch ein begnadeter Hinhörer sein.

* Er spielte auch in der berühmten Portsmouth Sinfonia, siehe S. 93–94.

Musiker sind

Kriminelle

Die linke Rillenflanke kann sich von der rechten unterscheiden. Dann sendet der rechte Lautsprecher andere Klänge als der linke. Umgangssprachlich nennt man solche Aufnahmen „stereo".

linker Lautsprecher

rechter Lautsprecher

Wandler linker Lautsprecher

Magnet

Wandler rechter Lautsprecher

Die Vibrationen der Nadel werden auf Wandler übertragen,

die sie als schwache elektrische Signale weiterleiten.

Über Vorstufe und Verstärker werden die Signale verstärkt.

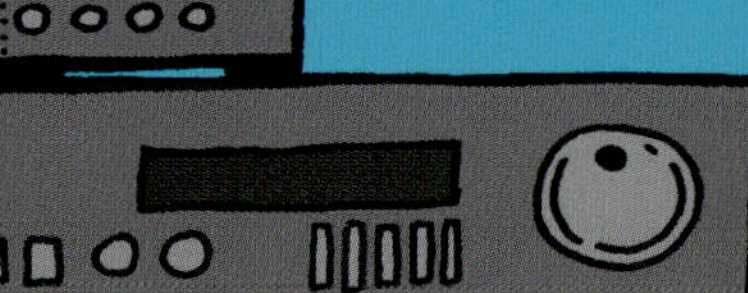

Die verstärkten Signale versetzen die Lautsprechermembran in Schwingungen. Diese erzeugen Schallwellen, also Klang (siehe S. 8/9).

Wer weiß noch, was ein Plattenspieler ist? Noch vor ein paar Jahrzehnten hatte fast jeder so ein Gerät zu Hause. Musik wurde damals nämlich ausschließlich auf schwarzen Vinylplatten veröffentlicht. Um sie abzuspielen, legte man die Platte auf den Plattenteller, setzte den Tonarm mit der Abtastnadel auf und schaltete ein, damit sich die Platte drehte und Musik aus dem Lautsprecher kam. Wie das funktioniert hat? Das wird auf den Bildern erklärt.

Und jetzt stellt euch vor, ihr sitzt vor dem Plattenspieler und hört gerade eine klangvolle Frauenstimme singen. Ihr spielt mit der Platte herum und bremst sie mit dem Finger, dass sie sich ein bisschen langsamer dreht. Da geschieht es ... Die Sängerin hat plötzlich eine Männerstimme! Wie kann das sein? Was ist da los? Eigentlich ganz einfach: Je langsamer sich die Platte dreht, desto tiefer der Ton, den sie erzeugt. Weil Männer normalerweise tiefere Stimmen haben, klingt die Sängerin wie ein Mann.

Dieses Spielchen kann jeder mit seinem Plattenspieler ausprobieren, aber bislang hat erst einer das Ergebnis als eigenes Album herausgebracht. Der kanadische Komponist **John Oswald** hat Dolly Partons „The Great Pretender" *(Der große Blender)* auf diese Weise bearbeitet. Ob der Sängerin das Ergebnis gefallen hat, ist nicht bekannt, jedenfalls

waren andere Stars, deren Stimmen Oswald verändert hat, ganz und gar nicht begeistert. Richtig sauer war Michael Jackson, nachdem er gehört hatte, was aus seinem Superhit „Bad" *(Böse)* geworden war. In Oswalds Version heißt das Stück „Dab", und Jackson darf sich fast sieben Minuten lang verschlucken und verhaspeln, neu ansetzen und sich wiederholen, sich selber nachäffen. Und tapfer versuchen, seinen Hit zu singen. Die Anwälte des „King of Pop" haben Anzeige gegen den kanadischen Komponisten erstattet ... aber nicht wegen Verunglimpfung, sondern wegen Diebstahls. Als solchen betrachteten sie nämlich die unrechtmäßige Nutzung des Songs. Sie setzten durch, dass sämtliche Oswald-Alben aus den Läden entfernt wurden. Er selbst spricht statt „Diebstahl" lieber von **Plündrophonie*** und kämpft darum, dass niemand uns dieses Spiel verbieten kann ...

* So hieß sein Album aus dem Jahr 1989, das aus dem Handel genommen wurde: *Plunderphonic*.

Rezitatoren

sind Musiker

1 Achtundzwanzig Jahre nach seinem Tod trat **John Lennon**, legendäres Mitglied der Beatles, 2008 in einem Video* auf und warb für Laptops für die Kinder dieser Erde. Wie war das möglich? Hatten die Werbefilmer den Geist des Musikers beschworen? Von wegen! Sie haben sich bei alten Interviews bedient. Zu Lennons Lebzeiten gab es nämlich noch keine Laptops, und er hat die Sätze aus dem Film auch nie so gesagt. Die Regisseure haben die Aufnahmen so lange zerschnitten und wieder zusammengesetzt, bis Lennon sagte, was sie hören wollten.

* Das war Werbung für das Projekt *One Laptop per Child* („Jedem Kind ein Laptop").

Am schwierigsten war wohl das Wort „Laptop". Wie lässt man einen Toten ein Wort aussprechen, das erst nach seinem Tod erfunden wurde? Man schneidet die einzelnen Bestandteile aus den Aufzeichnungen aus, ein „la" ein „p" und ein „top", und setzt sie dann wieder zusammen. Das klingt aber nur dann natürlich und wie aus einem Mund, wenn Tonfall, Rhythmus und vor allem die Satzmelodie genau zusammenpassen. Also muss hier eine Silbe ein bisschen gestreckt werden, dort etwas gekürzt, die Höhe angepasst und das Ganze leicht überlagert werden. Erst dann klingt John Lennon so überzeugend, dass Tausende ihm abnehmen, dass etwas für benachteiligte Kinder getan werden muss.

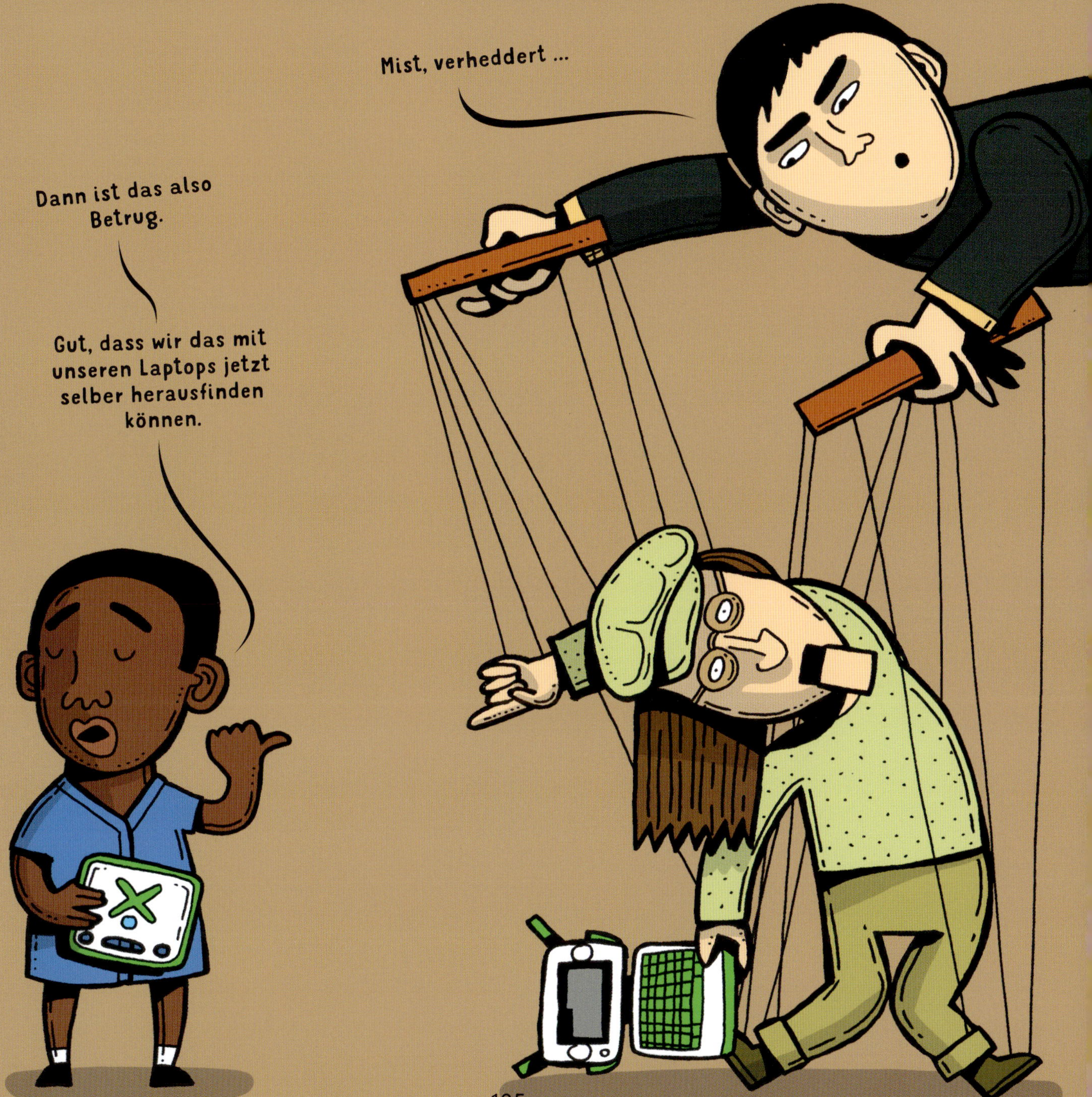

Mist, verheddert …

2 Auch der amerikanische Komponist **Robert Ashley** ging mit der Schere auf die Stimme los, aber aus ganz anderen Beweggründen. 1972 entdeckte er ein rätselhaftes Poem von John Barton Wolgamot, eigentlich einen langen Strom unterschiedlichster Namen – von großen Berühmtheiten bis zu mysteriösen Gestalten, die es vielleicht nie gegeben hat. Fasziniert von diesem merkwürdigen Text, nahm Ashley ihn auf Tonband auf. Er unterlegte seine Stimme mit elektronischen Klängen, schnitt aber sämtliche Atempausen heraus. So entstand seine Komposition **In Sara, Mencken, Christus und Beethoven waren Männer und Frauen** (*In Sara, Mencken, Christ and Beethoven There Were Men and Women*), in der er das Poem über 40 Minuten lang rezitiert, ohne ein einziges Mal Luft zu holen. Bei dem enormen Tempo bekommt man gar nicht alle Namen mit, kann sich dafür aber auf etwas

anderes konzentrieren: Die Sprache selbst ist hier Musik! Wenn wir zum Beispiel sagen, jemand spricht gedehnt, meinen wir, dass er bestimmte Silben in die Länge zieht und das Sprechtempo drosselt; wenn jemand über eine besondere Intonation verfügt, verbinden sich seine Worte zu einer eindrücklichen Satzmelodie; wer wiederum deutlich artikuliert, ist mit einem Klarinettisten vergleichbar, der besonders klare Töne auf seinem Instrument hervorbringt. So kann man die Stimme Robert Ashleys, seine Verwandlung vom Rezitator zum Musiker und zurück, anhören wie ein vierzigminütiges Konzert für Soloklarinette.

Aber spricht da wirklich Robert Ashley zu uns? Er kann doch unmöglich eine Dreiviertelstunde am Stück gesprochen haben, wie John Lennon unmöglich nach seinem Tod zu uns gesprochen haben kann …

1 Im Jahr 2010 platzte die Bombe: Über ein halbes Jahrhundert lang hat man uns betrogen! Die Aufnahmen von **Robert Johnson**, dem größten Bluesgitarristen aus dem Mississippidelta, waren manipuliert. Sie sind viel schneller als das, was er tatsächlich gespielt und gesungen hat. Wer seine Gitarrenriffs oder seine Stimme nachzuahmen versuchte und seine Platten auswendig kannte, war einem großen Mythos aufgesessen.

War Robert Johnson der Betrüger? Wir können ihn nicht mehr fragen, er war 2010 schon seit über siebzig Jahren tot, überhaupt ist kaum etwas über ihn bekannt. Nicht mal sein Geburtsjahr ist sicher. 1911? Oder 1907, 1910, vielleicht 1912? Die Urkunden sind wider-

sprüchlich. Einige behaupten, Johnson hätte eines Tages seine Seele dem Teufel vermacht und so sein Riesentalent erkauft. Ob sie recht haben? Er ist ihnen sicher nur einmal begegnet. Schließlich zog er jahrelang von Stadt zu Stadt, von Bar zu Bar und spielte jede Nacht vor einem anderen Publikum. So hat er in seinem paarundzwanzig Jahre kurzen Leben den Grundstein für seine eigene Legende gelegt. Weltberühmt wurde er erst nach seinem Tod, mit seinen Aufnahmen. Er war nur zweimal im Studio und spielte dort knapp dreißig Lieder ein – mehr ist nicht von ihm geblieben. Der berühmte Regisseur Martin Scorsese hat sogar gesagt: „Robert Johnson gab es nur in seinen Aufnahmen – er ist pure Legende.“ Offenbar ist die Legende noch purer als gedacht: Nicht einmal auf die Aufnahmen ist Verlass.

Robert Johnson

2 Bei **Madonna** alias Madonna Louise Ciccone sieht das ganz anders aus. Über sie, die „Queen of Pop“, wissen wir so gut wie alles: Wir kennen ihr Geburtsjahr (1958), ihre Ehemänner, wir wissen, wo sie ihren Urlaub verbringt, in welchem Outfit sie einkaufen geht, wie die Arbeit an ihrem 25 Millionen Mal verkauften Album *True Blue* lief …

Aber was davon ist wahr? Sollte Madonna von Robert Johnson gehört haben, dann hat sie die Lektion aus seinem Leben gelernt: Legendenbildung funktioniert am besten mit der Vermengung von Fakten und Mythen. Je überzeugter die Leute sind, dass das rote Kleid, in dem sie einkaufen ging, etwas über ihre Person aussagt, desto besser. Sie brauchen

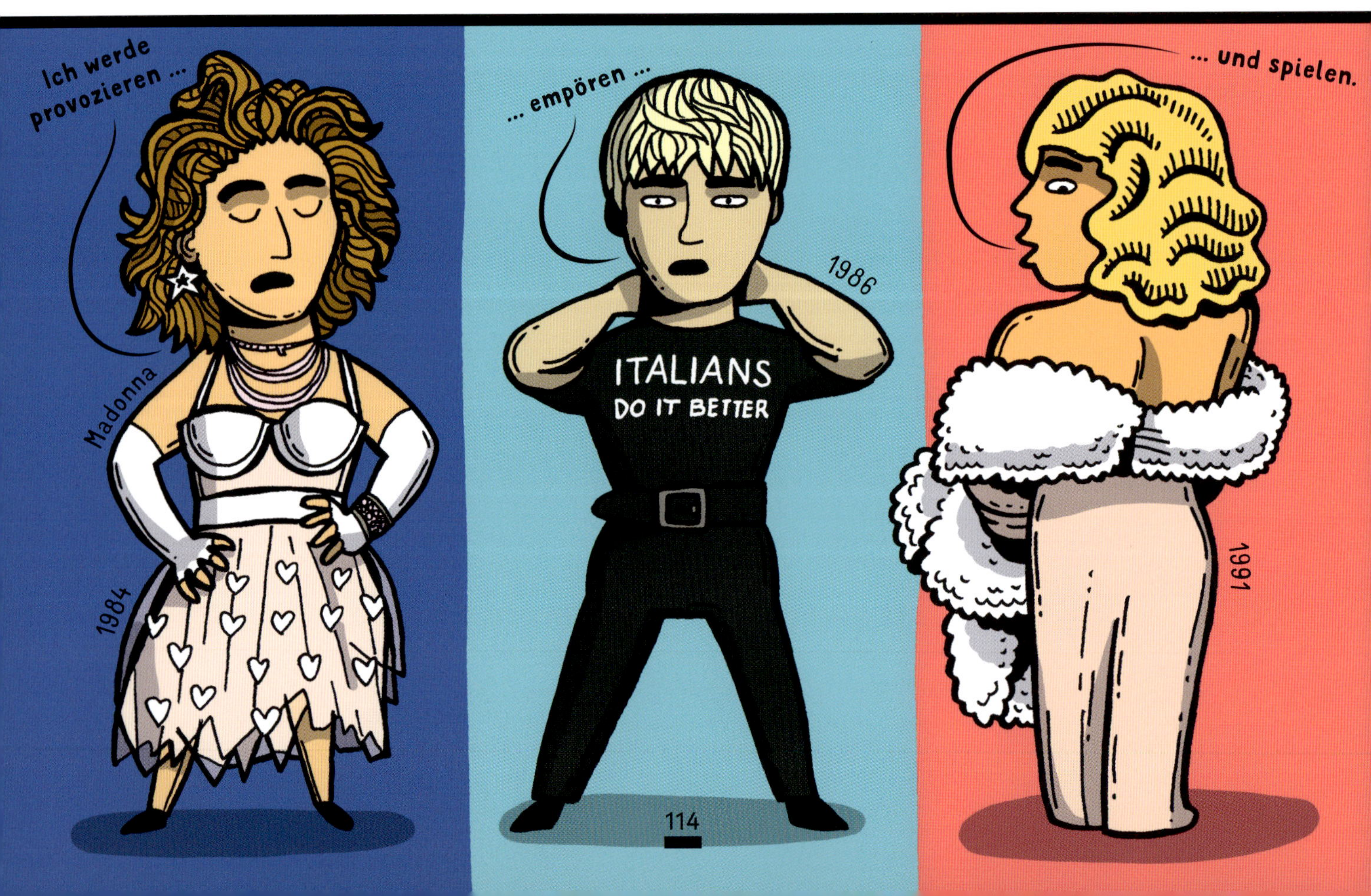

nicht zu wissen, dass Madonna die Farbwahl vorab eine Stunde lang mit fünf Stylistinnen diskutiert hat.

Die „Queen of Pop“ wusste von Anfang an, dass die Kontrolle über jedes Detail ihres Erscheinungsbildes der Schlüssel zum Erfolg ist. Sie muss das letzte Wort haben zum endgültigen Sound ihrer Alben, zu den Melodien, den Videoclips, den Choreographien ihrer Konzerte, dem Styling für Pressetermine, dem Winkel für Fotos, den Formulierungen in Interviews … einfach zu allem! Niemand vor oder nach ihr hat seine Karriere so bis ins letzte unter Kontrolle gehabt. Vielleicht gibt es deshalb nur eine Madonna unter Tausenden Popstars. Wie es unter Tausenden bekannten Bluessängern nur einen Robert Johnson gab …

Ich bin und bleibe eine echte Queen!
1990

Der deutsche Komponist **Karlheinz Stockhausen*** war eine derartige Ausnahmeerscheinung, dass man an seiner Existenz zweifeln könnte, wären nicht Tausende Seiten Literatur über ihn und mehrere Hundert Stunden Musik von ihm überliefert. Er behauptete, er stamme vom Stern Sirius und stehe mit Engeln im Kontakt. Auf einen Traum hin komponierte er sein Quartett für Streicher, die in Helikoptern um den Konzertsaal fliegen. Er komponierte auch ein Werk aus den Aufnahmen unterschiedlicher Nationalhymnen und schrieb eine Luzifer-Arie. John Lennon und Björk verehrten ihn als Genie, andere hielten ihn für wahnsinnig.

Wodurch rief Stockhausen so emotionale Reaktionen hervor? Er zeigte deutlicher als irgendjemand sonst, dass Musikersein mehr bedeutet, als Töne zu erzeugen und aneinanderzureihen. Für ihn war das Uni-

* mehr zu Stockhausen auf S. 30/31

versum eine große Komposition und Musik nicht nur Kunst, sondern eine Form geistiger Entwicklung, eine Art Religion. So schrieb er schließlich seine musikalische Bibel, den 28-stündigen, siebenteiligen Opernzyklus **Licht** (1977-2003), der mit der *Odyssee*, dem indischen *Ramayana* und sogar dem Alten Testament verglichen wurde.

Über ein Vierteljahrhundert komponierte Stockhausen darin sein eigenes Universum um Michael, Eva und Luzifer. Aus diesen Opern ist zu erfahren, wie die Welt entstand und welcher Zukunft die Menschheit entgegengeht (wir alle werden zu Engeln und … Musikern). Obwohl diese Ideen kaum jemand ernst nimmt, kann man sich der Faszination und Irritation nicht entziehen. Es gab sogar Rufe, die Macher von *Star Trek* oder *Star Wars* sollten *Licht* auf die Leinwand bringen. Wer dann wohl den Luzifer spielen würde – Harrison Ford oder Samuel L. Jackson?

Schamaninnen

sind Musikerinnen

Wer weiß, was Schamanen sind? In Zentralasien und bis in den Norden wirkten sie als Priester und Heiler. Man glaubte, sie hätten Kontakt zu den Göttern und den Geistern verstorbener Menschen und Tiere und könnten deshalb auch schwerste Erkrankungen an Leib und Seele kurieren. Dabei half ihnen die Musik: Schamanen schlugen die Trommel, sangen und tanzten, um sich in Trance zu versetzen und so Kontakt mit dem Jenseits aufzunehmen. Ihren Stimmen wurden außergewöhnliche Heilkräfte zugeschrieben.

Diese Geschichten kannte auch **Sainkho Namtchylak**, die Mitte des 20. Jahrhunderts in Zentralasien in der Republik Tuwa* aufwuchs. Neben dem Schamanismus gibt es dort seit Jahrhunderten eine weitere Tradition: den Kehlgesang (*Höömej*). Bei dieser besonderen Art des Singens mit tiefer, vibrierender Stimme kann man gleichzeitig verschiedene Töne hervorbringen – die Schamanen brachten es darin zu wahrer Meisterschaft. Die junge Sainkho war so fasziniert von Musik und Tradition, dass sie sich in die beiden Bereiche des tuwinischen Erbes vertiefte.

* Die Republik Tuwa ist heute Teil der Russischen Föderation und grenzt an die Mongolei.

Als sie Jahre später nach Europa kam, waren Musiker und Publikum dort begeistert, denn sie entlockte ihrem Körper Klänge, die man hier noch nicht gehört hatte: mehrere geheimnisvolle Stimmen zugleich, wie von verschiedenen Geschöpfen. Manche hörten darin die Stimmen von Geistern, andere die wilden Tiere Asiens. Aber Sainkho Namtchylak experimentierte auch gerne. Anstatt die traditionelle Musik ihres Volkes einfach aufzuführen, spielte sie lieber Alben mit zeitgenössischen Improvisationskünstlern ein, Livemusik, die erst während der Konzerte entstand.

Doch was dann 1997 geschah, erinnerte die Sängerin daran, dass es für die Stimme Wichtigeres gab als Gesangsauftritte. Sie wurde überfallen und so brutal zusammengeschlagen, dass sie es fast nicht überlebt hätte. Wahrscheinlich steckten tuwinische Landsleute dahinter, die ihr ankreideten, dass sie als Künstlerin international Karriere machte und dabei gegen die Tradition verstieß, nach der Kehlgesang und schamanisches Wissen den Männern vorbehalten waren.

Dieser Vorfall bedeutete einen Einschnitt für Sainkho Namtchylak und ihre Musik. Ein Jahr danach nahm sie das Album **Naked Spirit** („*Nackter Geist*") mit schönen Melodien und zarten, beruhigenden Klängen auf. Als wollte sie mit diesem Rückgriff auf die Methoden des Schamanismus Körper und Geist gesunden lassen. Ob Naked Spirit tatsächlich heilen kann? Am besten selber ausprobieren.

Sainkho Namtchylak

Musiker sind

Blinden-stöcke

1 Wenn wir an Stadtrundgänge denken, denken wir sofort an Besichtigungen. Deshalb sind Reiseführer meistens Bücher mit Fotos, auf denen wir jene Städte sehen können, die wir uns anschauen wollen ... noch bevor wir sie zu sehen kriegen. Aber wie bereiten sich dann blinde Menschen vor? Darüber dachte der portugiesische Künstler **Rui Costa** nach. Er entwickelt ganz besondere Stadtführer für Menschen, die Städte entdecken wollen, sie aber nicht sehen können. Dafür verwendet er keine Bilder, sondern Tonaufnahmen auf CD. Seinen ersten Reiseführer aus der Serie **Stadtrundgänge für Blinde*** erstellte er 2009 in Lissabon, wo er mit Kopfhörer und eingebauten Mikrofonen die interessantesten Orte aufsuchte. So konnte es alles aufzeichnen, was er auf dem Weg zu hören bekam. Und weil sich das mit jedem Schritt und jeder Kopfbewegung verändert, hat man beim Hören den Eindruck, man gehe selber durch die Stadt und bekomme mit, was um einen herum geschieht.

* Er hieß *Sightseeing for the Blind in Lisbon*, also: „Stadtrundgang für Blinde in Lissabon".

3,20

2 Erkennt man markante Orte Lissabons, wenn man sich die Spaziergang-CD anhört? Das ist ganz schön schwierig. Kaum jemand würde selbst die eigene Straße an ihrem Klang erkennen. Für den Vater der Hörspaziergänge, den amerikanischen Musiker **Max Neuhaus**, liegt das vor allem daran, dass wir viel stärker darauf achten, was wir sehen. Deshalb sind Geräusche für uns keine große Orientierungshilfe. Selbst wenn wir ein Martinshorn hören, sind wir nicht sicher, aus welcher Richtung das Fahrzeug kommt – bis wir es sehen.

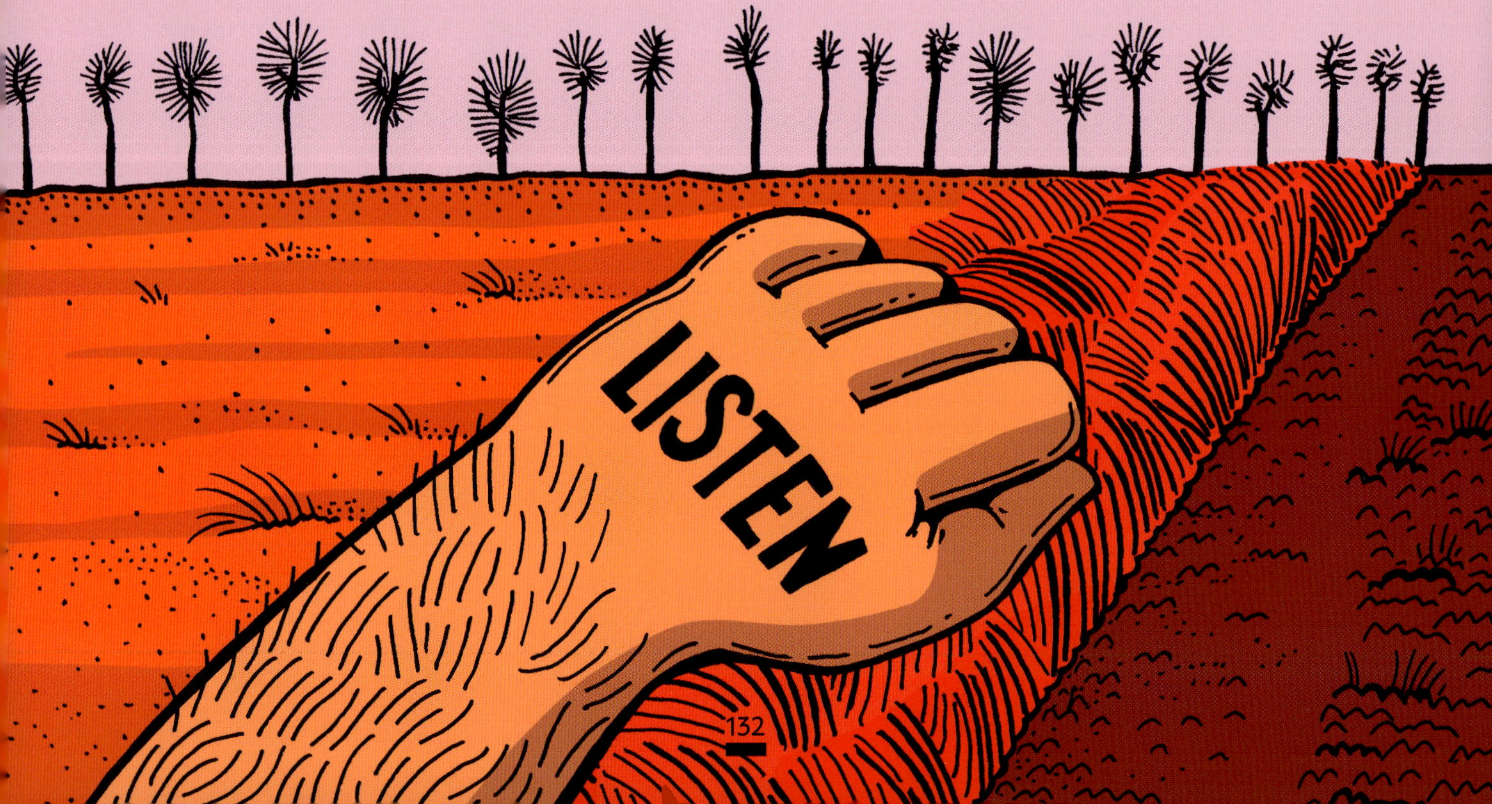

Neuhaus wollte das im Jahr 1966 ändern, er war damals 27. Er lud ein paar Leute zur Uraufführung seines jüngsten Werkes ein. Die Partitur bestand aus einem einzigen Wort: **Horch***. Neuhaus stempelte es seinem Publikum auf die Hand und nahm es dann mit zu einem Spaziergang, bei dem alle versuchen sollten, einmal zu vergessen, wie es dort aussah, und wahrzunehmen, wie es sich anhörte. Später organisierte er noch viele solcher „Konzerte", seine Idee des Hörspaziergangs wurde immer wieder von Musikern und Künstlern aufgegriffen.

* So hieß auch das Stück, im englischen Original: *Listen*.

Musiker sind

Maler

Schaut euch vor dem Weiterlesen die Abbildung an. Und jetzt versucht euch vorzustellen, wie Spatz und Nilpferd klingen würden, wenn man sie auf einem Instrument spielen wollte. Wem würdet ihr die Flöte zuordnen und wem Kontrabass oder Posaune?

Und wenn ihr Punkt und Strich vertonen solltet, wer bekäme den längeren Ton?

Seit Jahrtausenden notieren Musiker Melodien, Rhythmen und ganze Werke. Die Notenschrift sagt ganz genau, wann welcher Ton auf welchem Instrument zu spielen ist. Man muss nicht mal Musiker sein, um im Notenbild erkennen zu können, wann die Melodie ansteigt (aufsteigende Noten) und wann sie fällt (abfallende Noten), wann der Rhythmus ruhiger ist (größere Abstände zwischen den Noten) und wann lebendiger (dichter gesetzte Noten).

Aber können wir Töne nur in Notenform aufschreiben? Vielleicht sollte man mal versuchen, Musik ganz anders „aufzuzeichnen“? Das mag dann weniger genau sein, dafür aber vielleicht ganz spannend, weil der ausführende Musiker viel mehr Freiheiten hat. Als einer der ersten Komponisten machte sich der Amerikaner **Earle Brown** solche Gedanken. Vor über sechzig Jahren setzte er unterschiedlich dicke senkrechte und waagrechte Striche auf ein Blatt Papier und behauptete, das sei seine neue Komposition **December 1952** (1954).

Manche fühlten sich veralbert, andere nahmen den Gedanken tatsächlich ernst. Aber wie klingt dieser Dezember 1952 nun? Die wenigsten Musiker denken bei Browns Komposition an schöne Melodien oder tanzbare Rhythmen. Die meisten Interpretationen klingen schroff und unruhig. Aber wie genau das Stück klingen soll, ist unklar. Stehen die dickeren Striche für tiefere Töne? Oder lautere? Earle Brown können wir das nicht mehr fragen. Aber er hätte sicher auch keine Antwort gegeben. Es ging ihm ja vor allem darum, unserer Fantasie freien Lauf zu lassen.

Filmleute

sind Musiker

Stellt euch vor, ihr schaut euch einen Mickymaus-Film an. In der ersten Einstellung sitzt Micky auf einem Ast und schaut in eine Baumhöhle. In der nächsten ist der Hintergrund schwarz. Woher wisst ihr, dass Micky in die Höhle gehüpft ist? Gesehen habt ihr es jedenfalls nicht. Aber ihr wisst, wie Film funktioniert, und könnt in Gedan-

ken ergänzen, was zwischen den Bildern passiert. Funktioniert das auch mit Tönen? Jetzt stellt euch vor, ihr hört eine träge dahinplätschernde Flötenmelodie. Plötzlich reißt sie ab, und wie aus dem Nichts beginnt ein Wecker zu rasseln. Könnt ihr diese Folge genauso lesen, wie die beiden Mickymaus-Szenen zu Beginn?

Wenn ja, dann habt ihr das vermutlich **Carl Stalling** zu verdanken. Er schrieb in den 1920er und 30er Jahren die Musik zu zahlreichen Disney-Filmen, unter anderem zu Mickymaus. Und er war es auch, der uns beigebracht hat zu hören, als sähen wir einen Film. Wenn ein Eichhörnchen den Baumstamm hochflitzte, bat Stalling seine Musiker, immer höhere Töne zu spielen. Wenn eine Nuss vom Baum fiel, ließen auch die Saxofonisten ihre Finger schnell nach unten

wandern. Während Micky noch auf dem Ast sitzt und in die Baumhöhle schaut, hören wir viele Instrumente kurze Töne spielen und wissen, dass er zum Sprung ansetzt. Gleich darauf, als er drinnen gelandet ist, spielen die Musiker etwas völlig anderes: vier separate Geigentöne, zu denen die gezeichnete Maus leicht mit der Nase zuckt: Micky schnuppert! Wer solche klanglichen Kontraste verinnerlicht hat, lässt sich von moderner Musik nicht mehr so leicht überraschen. Sie hat ihre Anfänge auch in den Walt-Disney-Studios.

Mit diesen Worten beginnt eine der ältesten Musikaufnahmen, sie stammt aus dem Jahr 1889. Anschließend spielt der so eingeführte Komponist zwei Klavierwerke. Die Qualität der Aufnahme ist aber so katastrophal, dass man kaum noch hören kann, wie Brahms tatsächlich geklungen hat. Und obwohl Musiker in aller Welt täglich Brahmswerke nach seinen Noten spielen, wissen wir nicht, ob sie so klingen, wie er das wollte. Auch mit Noten lässt

sich nicht alles ausdrücken – zwei Pianisten können dasselbe Stück ganz unterschiedlich interpretieren. Erst recht, wenn sie aus verschiedenen Epochen stammen. Früher spielte man ja auf anderen Instrumenten, hatte ein anderes Rhythmusgefühl und einen anderen Geschmack. Je weiter die Zeiten zurückliegen, desto schwieriger werden Aussagen über das damalige Leben und den Klang der Musik.

Woher wollen wir denn wissen, wie Don Quijote Dulcinea sein Liebeslied vorgesungen hat? Oder welche Musik im Reich des letzten Aztekenherrschers Montezuma gehört wurde? Mit solchen Fragen beschäftigt sich der katalanische Musiker **Jordi Savall**, der mehrere Ensembles leitet und selbst auf der Gambe spielt (einem Vorläufer des Cellos aus den Zeiten von Shakespeare und Kolumbus). Er beschäftigt sich ausschließlich mit Alter Musik und möchte sie so aufführen, wie sie vor Jahrhunderten vermutlich erklungen ist. So wichtig wie die historischen Instrumente selbst ist das Wissen darüber, wie sie damals gespielt wurden.

Richtig bekannt wurde er mit der Musik zum Film **Die siebente Saite** (*Tous les matins du monde*, 1991) über das Leben des Ma-

rin Marais, eines französischen Komponisten aus dem 17. Jahrhundert. Savall war noch an weiteren filmischen Erzählungen beteiligt. Sie sind jedoch nicht im Kino zu sehen, da es sich im eigentlichen Sinne um musikalische Produktionen über die Abenteuer des Don Quijote, Kolumbus' Reisen oder die Geschichte der Heiligen Stadt Jerusalem handelt.

Um diese Musik spielen zu können, musste Savall sich in Instrumentenbau und Kunstgeschichte vertiefen und verloren gegangene Fragmente nachkomponieren. Als Experte für Alte Musik spielt man nicht einfach aus alten Noten. Diese Fachleute wissen über die jeweilige Epoche oft so gut Bescheid wie Historiker und Archäologen.

Musiker sind Reporter

Zu den Pionieren der elektronischen Musik gehörten Komponisten aus Polen. Schon sehr früh, nämlich 1957, wurde in Warschau das Experimentalstudio des Polnischen Rundfunks eingerichtet.

Die Komponisten des Warschauer Studios schrieben aber nicht nur Musik. Sie erfanden auch Fantasiegeräusche für Animations- und Science-Fiction-Filme oder Rundfunksendungen und zeichneten sie auf. **Eugeniusz Rudnik** bemerkte schließlich, dass sich diese beiden Tätigkeiten gar nicht so fremd waren. In beiden Fällen verwendeten sie dieselben Gerätschaften zur Aufzeichnung und Einbindung von Klängen, die einander auch noch häufig ähnlich waren. So komponierte er 1965 seine **Lehrstunde** (*Lekcja*), die weder Reportage war noch Musikstück. Oder war sie beides zugleich?

In *Lehrstunde* sind sowohl elektronische Klänge zu hören als auch Mitschnitte von Schulstunden und Kriegshandlungen, die Rudnik im Rundfunkarchiv ausgegraben

hatte. Kinder singen Lieder, rezitieren rhythmische Abzählreime, beantworten im Chor die Fragen der Lehrerin – manchmal klingt das wie ein Profiorchester oder eine Militärparade. Man mag diese Ähnlichkeiten als vergnügliche musikalische Spielerei abtun. Aber wie klang das in den Ohren Rudniks und seiner Zeitgenossen, die die Schrecken des Zweiten Weltkriegs miterlebt hatten? Vielleicht hörten sie darin eher eine Reportage darüber, dass auch Opfer und Täter dieser grausamen Verbrechen irgendwann von irgendwem erzogen und ausgebildet worden waren. Konnte man Kindern dann vielleicht auch beibringen, nicht in den nächsten entsetzlichen Krieg zu schlittern?

War Eugeniusz Rudnik dann eher Komponist oder eher Journalist? Wie dem auch sei – er war in beidem ein Meister seines Fachs.

Verrückte Erfinder

sind Musiker

Anonymus
Flöte aus Mammutelfenbein, vor mehr als 40.000 Jahren

Anonymus
Gusle, vor über 800 Jahren

Benjamin Franklin
Glasharmonika, 1761

Ohne George Beauchamp, den Erfinder der E-Gitarre, hätten wir nie von dem berühmten Rockgitarristen Jimi Hendrix gehört, und ohne Robert Moog, der Synthesizer mit Klaviatur entwickelte, wäre ein Großteil der elektronischen Musik nie geschrieben worden. Forscher und Ingenieure sind für die Musik manchmal so bedeutend wie Komponisten oder Interpreten. Ohne sie würden wir immer noch dieselben Geräusche hören wie die Urmenschen, und auch dieses Buch wäre nie entstanden.

Einer der berühmtesten Erfinder in diesem Bereich ist der Russe **Leon Theremin**. Er konstruierte unter anderem eine elektrische Alarmanlage, ein funkgesteuertes Flugzeug oder Abhörgeräte (er arbeitete jahrelang für den sowjetischen Geheimdienst in den USA). Besonders angetan hatte es ihm aber die Musik. So erfand er eine Percussionsmaschine und ein E-Cello. Und er ging in die Geschichte ein als Erfinder eines der ersten elektronischen

Instrumente, das er schon 1920 entwickelte und das seinen Namen erhielt.

Das **Theremin** hat so gar nichts von Instrumenten wie Klavier, Geige oder Flöte. Es wird berührungslos gespielt – zwei Antennen registrieren die Bewegungen der Hände in der Luft. Fans von Hitchcock-Thrillern, amerikanischen Science-Fiction-Filmen oder der Zeichentrickserie *Scooby-Doo* kennen seinen ganz eigenen „kosmischen“, schwebenden Ton.

Angesichts heutiger Computer wirkt das Theremin wie ein Spielzeug. Trotzdem wird es von berühmten Bands wie Portishead oder Blur und Jean-Michel Jarre, einem Star der elektronischen Musik, gespielt. Vielleicht aus denselben Gründen, aus denen manche Menschen VW-Käfer fahren oder Schlaghosen tragen: aus Nostalgie. Das Theremin erinnert auch daran, dass Musiker heute immer auch Erfinder sind, auf der Suche nach dem eigenen Klang und den passenden Instrumenten dazu.

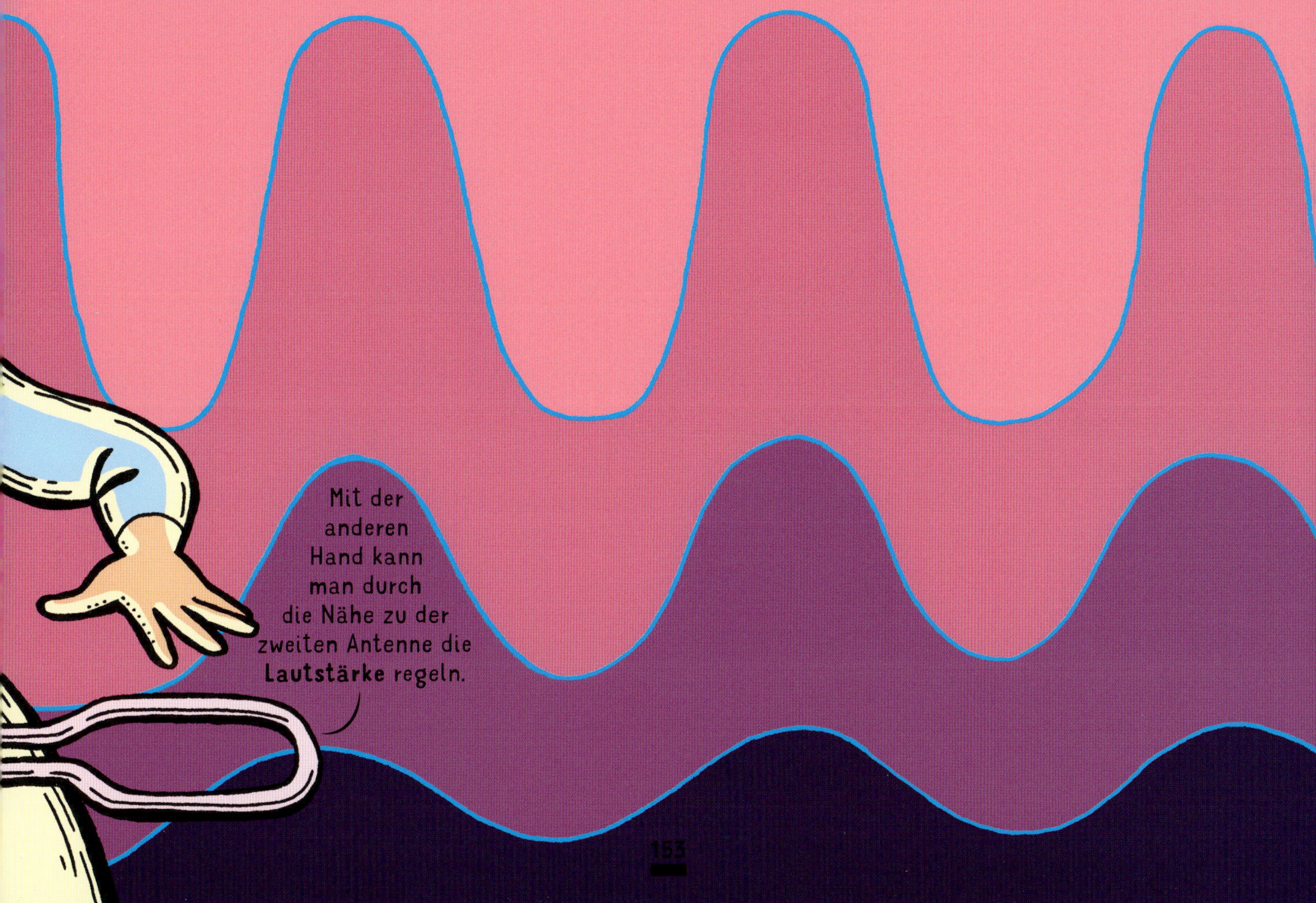

Teil 5

Was ist Musik?

Sprache

ist Musik

Kann man mit Musik etwas sagen? Also sich zum Beispiel durch ein Stück für Geige oder Klavier mit jemandem verabreden, wie man das auf Deutsch oder Englisch tun kann? In der Musik spricht man schließlich auch von „Tonsprache“. Es gibt sogar eine eigene Schrift, mit der man die Sprache der Töne aufschreiben kann: die Noten. Nur hat ein Ton, der in dieser Notenschrift mit dem Buchstaben „a“ benannt ist, nichts mit dem Klang des Vokals „a“ zu tun. Die Buchstaben und die ihnen zugeordneten Noten sind Hilfsmittel, um Melodien notieren zu können. Wenn auf ein „c“ ein „d“ folgt, bedeutet das, die Melodie steigt an, wechselt also

von einem tieferen („dickeren") zu einem höheren („schlankeren") Ton. Wird das „d" durch ein „e" ersetzt, erfolgt der Anstieg schneller. So kann man mit Kreisen und Strichen eine ganze Komposition aufschreiben.

In der bilderreichen **6. Sinfonie (Pastorale)**, die **Ludwig van Beethoven** 1808 schrieb, sind ein Bachplätschern, Vogelgezwitscher und ein Gewittersturm zu hören. Die Instrumente ahmen Töne nach, wie wir sie aus dem Alltag kennen. Können sie aber auch wie ein Nachrichtensprecher oder ein Schauspieler auf der Bühne von konkreten Ereignissen erzählen?

Einer, der davon überzeugt war, war der französische Komponist **Olivier Messiaen**. Für sein Orgelwerk **Meditationen über das Mysterium der Heiligen Dreifaltigkeit** (*Méditations sur le Mystère de la Sainte Trinité*, 1969) wies er allen Buchstaben Noten zu, so dass jedes Wort spielbar wurde. Dann übertrug er, Buchstabe für Buchstabe, die Gedanken des Theologen Thomas von Aquin in seine musikalische Sprache. Für den Zuhörer ist diese versteckte Botschaft nicht zu entschlüsseln –

wie sollte er erkennen, welche Worte hinter einer Melodie stecken? Aber das kümmerte den Komponisten nicht. Vielleicht wollte er, dass der verborgene Sinn seines Werkes genauso schwer zugänglich war wie das Geheimnis der Dreifaltigkeit? Oder vielleicht richtete sich dieses religiöse Werk gar nicht an ein menschliches Publikum? Jedenfalls war Messiaen zutiefst davon überzeugt, dass seine Musik „seinen Glauben singt“ – da müssen wir ihm zugestehen, dass dies auch in bislang unbekannten Sprachen geschah.

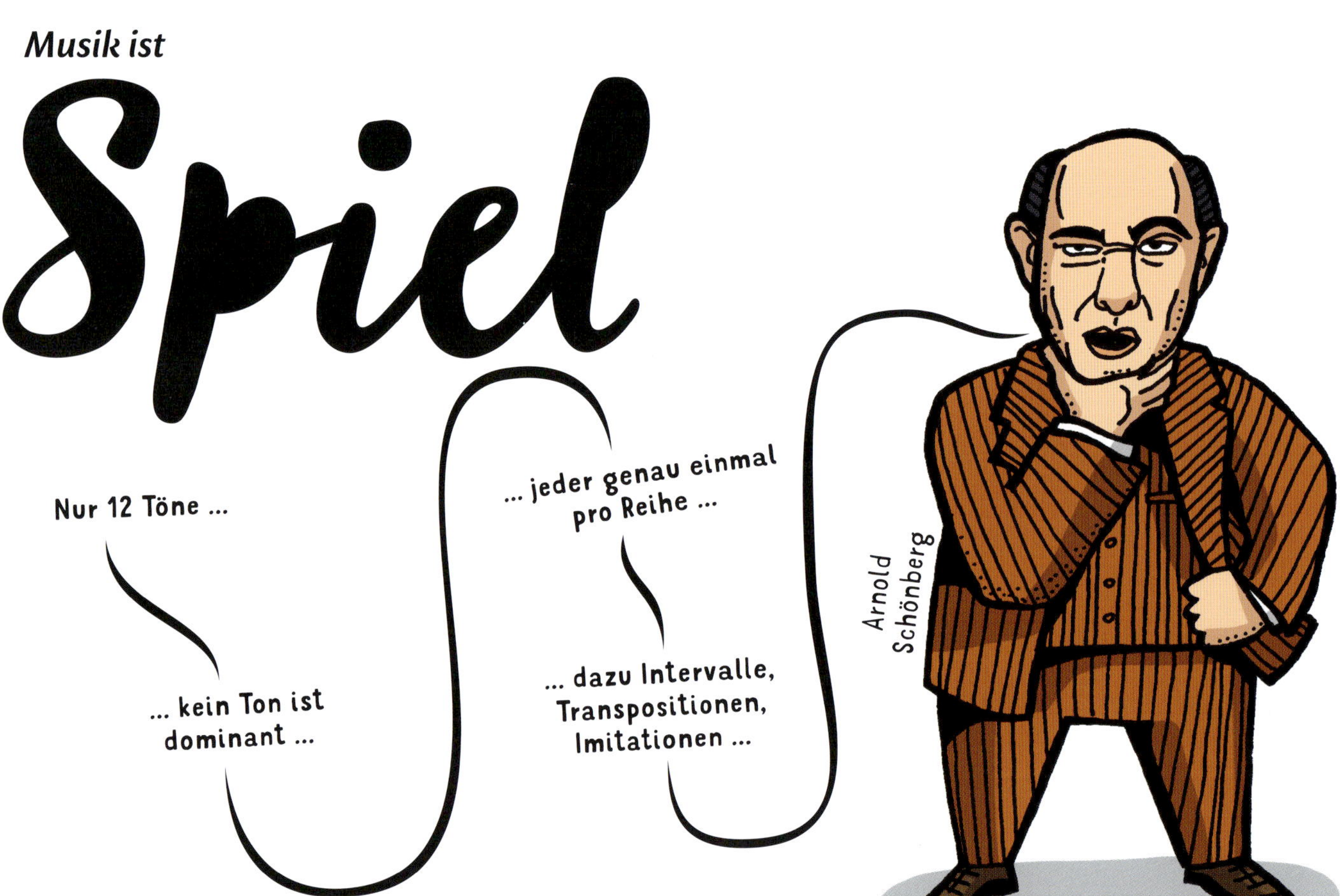

1 Versuch mal, die erste Melodie aufzuschreiben, die dir in den Sinn kommt. Fertig? Wie immer sie aussieht, sie endet höchstwahrscheinlich mit derselben Note, mit der sie angefangen hat. Nach diesem Muster wurden seit Jahrhunderten die meisten Hits geschrieben. Aber ist das Einfache und Populäre auch immer das Beste?

Schauen wir uns mal Dame und Schach im Vergleich an. Die meisten spielen lieber Dame. Die Regeln sind einfacher, man muss nicht die ganze Zeit nachdenken und mehrere Züge im Voraus planen. Manche finden aber gerade das spannend und zerbrechen sich gerne die Köpfe. Die haben

vom Damespiel bald genug und holen die Schachfiguren raus. In der Musik ist es ganz ähnlich. Auch da ist einigen das Populäre, Einfache und Eingängige zu langweilig. So ein Schachtyp war der Komponist **Arnold Schönberg**, der in der ersten Hälfte des 20. Jahrhunderts seine Werke schrieb. Er meinte, die Komponisten vor ihm hätten die meisten Melodien, die man nach den herkömmlichen Regeln schreiben konnte, schon verbraucht. Also führte er neue, kompliziertere Spielregeln ein.

Schönberg ordnete die verfügbaren Töne in Reihen an, in Serien, fast als wären sie Figuren auf einem Schachbrett. Eine Reihe bestand aus zwölf Tönen, jeder einzelne durfte nur nach bestimmten Regeln und in bestimmten Momenten verwendet werden. Wieder wie beim Schach: Bevor man den Läufer bewegen kann, müssen die Bauern den Weg frei machen, und bevor der Turm einen Zug machen kann, müssen sich der Springer oder der nächststehende Bauer bewegen. Es dauert seine Zeit, bis man die musikalischen Grundregeln beherrscht – interessante Melodien oder gar ein komplettes Werk sind dann die richtige Herausforderung.

Schönbergs nach der Zwölftontechnik komponierte Melodien trugen altmodische, harmlose Titel wie **Violinkonzert** (1936) oder **Klavierkonzert** (1942), waren aber dermaßen unvorhersehbar und irritierend, dass die meisten Zeitgenossen damals nur Krach darin hörten. Heute komponiert fast niemand mehr nach dieser Methode. Aber Typen wie Schönberg haben dazu beigetragen, dass Musizieren nun auch als Spiel verstanden wird, das umso spannender wird, je besser die Regeln sind.

2 Viele Musiker sind auf Arnold Schönberg nicht so gut zu sprechen, weil er sich in ihren Augen nicht nur neue Spielregeln ausgedacht hat, sondern auch noch am liebsten für sich alleine gespielt hat. Andere Komponisten des 20. Jahrhunderts waren da zum Glück umgänglicher und haben immerhin Kollegen wie Bach oder Mozart einbezogen. Die sind zwar schon seit ein paar Hundert Jahren tot, aber zum Glück in Gestalt ihrer Noten und Kompositionen noch immer lebendig. Die verraten uns, wie sie ihre Werke gerne eröffneten oder sie ausklingen ließen, welche Figuren sie besonders mochten und wie sie mit ihnen umgegangen sind.

Einer, der das Spiel mit den großen Komponisten der Vergangenheit meisterhaft beherrscht, ist **Paweł Szymański**. Wo Schönberg seine Reihen bastelte, schreibt Szymański zunächst ein Stück, das klingt, als hätten es Bach oder Beethoven zu ihrer Zeit komponiert. Dann beginnt das Spiel: Er verschiebt oder wiederholt einzelne Abschnitte, spielt sie rückwärts oder stellt sie auf den Kopf und sortiert bestimmte Töne aus. So entsteht eine Art Puzzle: Einige Teile fehlen, andere sind fehl am Platz oder passen einfach nicht zu den benachbarten Teilen.*

* Deshalb nennt Szymański seine Kompositionen nicht einfach „Sinfonie“ oder „Serenade“, sondern z.B. „Fast-Sinfonietta“ (*quasi una sinfonietta*, 1990) oder „An eine Serenade erinnernd“ (*Recalling a Serenade*, 1996).

Johann Sebastian Bach

Ein großes Durcheinander? Vielleicht. Aber ist beim Puzzeln wirklich das Einsetzen des letzten Teilchens am schönsten? Auch das interessanteste Bild wird irgendwann langweilig. Macht es nicht viel mehr Spaß, die fehlenden Teile einzupassen und in Gedanken die Leerstellen zu ergänzen?

Du puzzelst sie neu zusammen …
… verklebst das Ganze miteinander …
… und fertig ist das Kunstwerk.
Quasi-Bach, und doch nicht Bach.
Wie es mir gefällt.
Paweł Szymański

1 Wie können wir herausfinden, wie Musik klingt, die vor Jahrhunderten geschrieben wurde? Ganz einfach: Wir kaufen uns eine CD mit den Werken eines Komponisten aus jener Zeit. Und woher wussten die Musiker, was sie für diese Aufnahme spielen mussten? Auch nicht schwer: Sie schauten in die Partitur, in die Noten zu dieser Komposition. Die gibt es zum Beispiel in Bibliotheken, als Druckausgaben nach den Aufzeichnungen der Komponisten, so wie Bücher nach alten Handschriften gedruckt werden. Aber ein Problem gibt es eben doch: Die Originalpartituren waren häufig unvollständig, und die nächsten Herausgeber haben gerne einmal selbst die Lücken gefüllt und kleine Fehler korrigiert. Bleibt zu hoffen, dass sie nicht selber Fehler eingebaut und nicht zu viel Eigenes eingeschmuggelt haben.

Andererseits gäbe es manche Werke ohne dieses Zutun überhaupt nicht. Berühmtes-

tes Beispiel ist sicher ein Stück des italienischen Musikwissenschaftlers und Komponisten **Remo Giazotto**. Unmittelbar nach Ende des Zweiten Weltkriegs fand er in den Trümmern der Sächsischen Landesbibliothek in Dresden den Schnipsel einer Partitur des venezianischen Barockkomponisten Tomaso Albinoni. Weil ihm dieses Fragment so gut gefiel, schrieb Giazotto den ganzen Rest dazu, auch die Melodie. So entstand 1949 einer der populärsten Schlager der Ernsten Musik: das **Adagio g-Moll** (auch bekannt als „Albinoni-Adagio"). Bis heute halten viele Zuhörer das Stück für eine Komposition aus der Zeit des Barock. Dabei ist nicht einmal sicher, dass es den Schnipsel der Originalpartitur je gegeben hat. Giazotto hat ihn nie rausgerückt, und in den Bibliothekskatalogen findet sich keinerlei Hinweis darauf. Hat sich Giazotto die ganze Geschichte bloß ausgedacht, damit sein Stück mehr Aufmerksamkeit erhält? Wenn ja, ist seine Strategie voll aufgegangen.

2 Einen ganz anderen Zugang zu alten Noten wählte der argentinisch-deutsche Komponist **Mauricio Kagel**. Eine seiner Kompositionen, die **Tantz-Schul** (1987) geht zurück auf das 1716 veröffentlichte Buch *Neue und curieuse theatralische Tantz-Schul* von Gregorio Lambranzi. Den über einhundert Kupferstichen von Schauspielern in tänzerischen und akrobatischen Posen sind Notenfrag-

mente zur Seite gestellt. Lambranzi sind allerdings zahlreiche Fehler unterlaufen. Anstatt sie zu korrigieren, ließ Kagel die Musiker alle Fehler mitspielen. Ein Witz? Möglich, aber wir dürfen annehmen, dass die Musiker zu Lambranzis Zeiten diese Stücke genauso fehlerhaft nachspielten. Vielleicht kommt am Ende Kagels Falschspielerei dem Originalklang von vor dreihundert Jahren näher als das rundum stimmige „Albinoni-Adagio"?

Musik ist

vertieftes Hören

„Nimm dir Zeit. Wo immer du gerade bist, setz dich hin, schließe die Augen und höre einfach. Betrachte, wenn du die Augen wieder öffnest, das eben Gehörte als ‚die Musik'. Versuch dann, dich an das Gehörte zu erinnern und es mit deinem Instrument oder deiner Stimme auszudrücken." Mit diesen Worten beginnt die Partitur zu **Dissolving your ear plugs** („Deine Ohrstöpsel lösen") von **Pauline Oliveros** aus dem Jahr 2006.

Klingt nicht nach einem normalen Stück? Die Komponistin war ja auch keine gewöhnliche Musikerin. Ein Großteil ihres Schaffens widmet sich der Vertiefung unserer Hörfähigkeit. Sie komponierte nicht nur, sondern untersuchte auch, wie wir hören, arbeitete als Hörerzieherin und wurde sogar zu einer Art Philosophin oder Guru. Deshalb geben ihre Partituren den ausführenden Musikern nicht einfach Anweisungen, was sie wann zu tun haben. Es sind eher Übungen, die sich an alle richten, die sich für ernsthaftes, intensives Hören interessieren. Oliveros selbst

sprach von „vertieftem Hören“, von *Deep Listening*. Das kann das Hören von Instrumentalmusik sein, von Natur- oder Alltagsgeräuschen, das Hören auf den Atem, die Gedanken und sogar die eigenen Träume! Für Oliveros gilt nämlich: „Vertieftes Hören ist ein allumfassendes Hören auf alles Hörbare“. In ihren Werken wird Hören zu einer Meditationsübung, einem Ritual, das regelmäßige Wiederholung verlangt, bis einem die neuen Wege der Klangwahrnehmung in Fleisch und Blut übergegangen sind.

Für alle Interessierten hat Oliveros 2005 das Deep Listening Institute gegründet. Aber dort muss man nicht unbedingt einen Kurs belegen. Wenn du üben möchtest, komm einfach mal zur Ruhe, setz dich und schließ die Augen. Was hörst du? Woher kommen die Geräusche? Welche sind kurz, welche

lang? Welche kehren wieder? Welche sind leise, welche laut? Und warum? Passen sie zu den Geräuschen deines Körpers? Zu deiner Atmung? Sind sie schneller oder langsamer?

Die nächsten Fragen kommen von alleine und mit ihnen die bewusste Entscheidung für Geräusche, die du selbst noch hinzufügen willst.

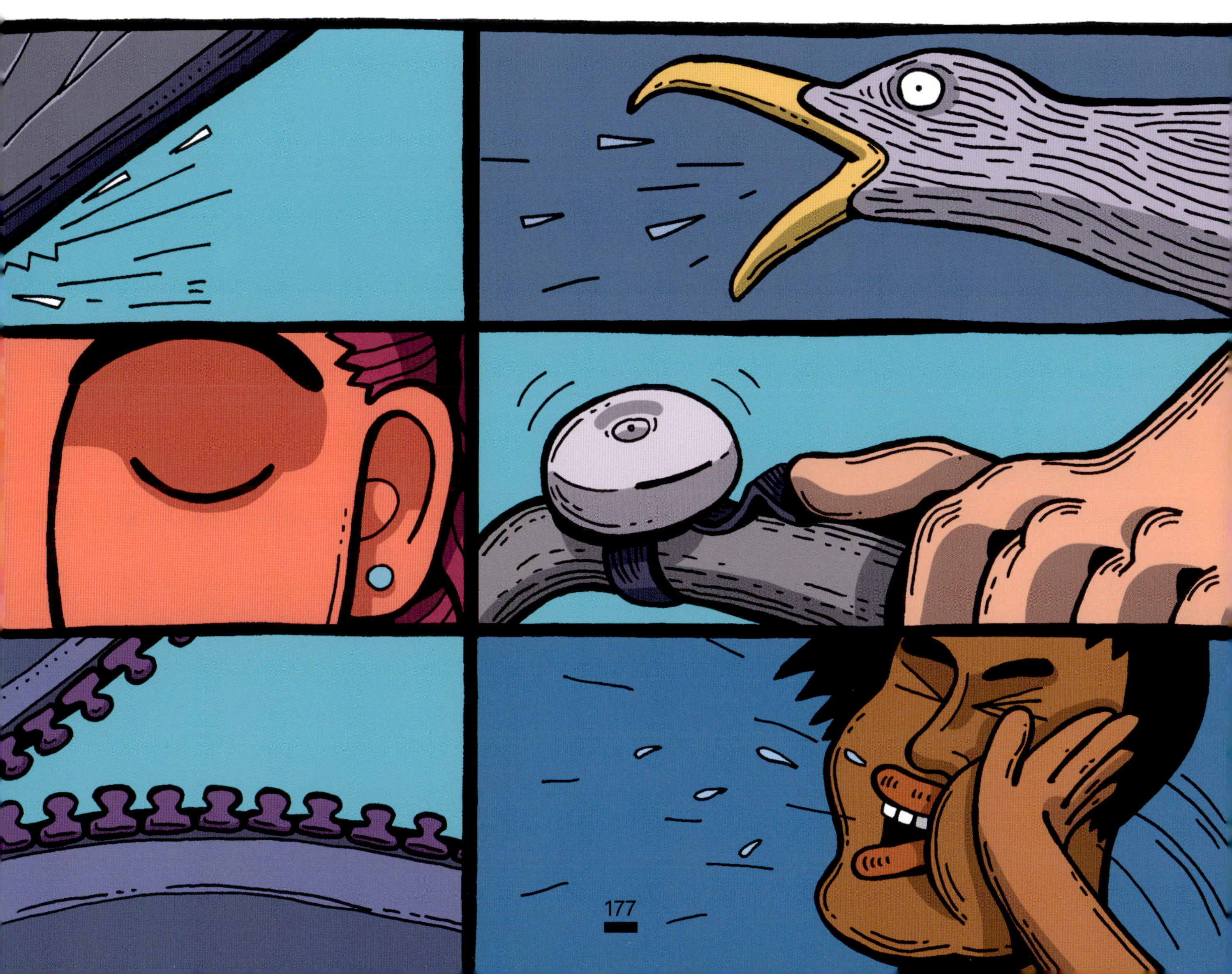

Musik ist

ein 3D-Film

Welche Form hätten die meisten Lieblingslieder, wenn man sie auf ein Blatt Papier zeichnen würde? Eine Linie vielleicht, mal gerade, mal geschwungen, mal in ruhigen Wellen, dann wieder mit abrupten Richtungswechseln?

Die meisten Musikstücke bestehen eigentlich aus einer einzelnen Melodielinie (der Melodie eben) und ihrer Begleitung (den übrigen Klängen im Hintergrund). Andere wiederum lassen sich nicht so einfach darstellen. Johann Sebastian Bach hat vor dreihundert Jahren zum Beispiel viele Werke komponiert, in denen mehrere Melodien nebeneinanderher laufen.

Die Musik des amerikanischen Komponisten **Edgar Varèse** aus dem 20. Jahrhundert hat nichts mehr von einzelnen Linien, eher von kantigen Figuren aus vielen benachbarten Tönen. In seinen Werken gibt es ein beständiges Kommen und Gehen solcher unregelmäßigen Formen, die in ihrer Bewegung auf das Publikum wirken wie die Bilder in einem 3D-Film. Deshalb sprach Varèse statt von Melodien oder Rhythmen lieber von der „räumlichen Dimension" eines Werkes. Außerdem fand er, dass herkömmliche Orchester oder das zweidimensionale Notenpapier, mit dem auch er fast sein Leben lang arbeitete, für seine Musikideen nicht so recht geeignet waren.

Erst das Aufkommen der elektronischen Musik wenige Jahre vor seinem Tod ermöglichte Varèse, seine Träume zu verwirklichen. 1958 konnte er im Elektronikstudio seine Wunschgeräusche modellieren und auch noch ihre Bewegung im Raum genau festlegen. So entstand sein **Elektronisches Poem** (*Poème électronique*) für den Philips-Pavillon auf der Weltausstellung in Brüssel.

Edgar Varèse

In diesem besonderen Raum nach Entwürfen des berühmten Archi-tekten Le Corbusier ließ Varèse 350 Lautsprecher anbringen!
Le Corbusier
Der Philips-Pavillon
Die Klänge wanderten nach einem komplizier-ten Schema, bewegten sich also tatsächlich durch den Raum, auf den Zuhörer zu und wieder weg, verdichteten oder lichteten sich.

Zur Musik wurde ein Film von
Le Corbusier gezeigt: eine Folge
rätselhafter Bilder über die
Geschichte der Menschheit.
Das Publikum war begeistert.

Ein weiterer Komponist des 20. Jahrhunderts, der mit einfachen Linien nichts anfangen konnte, war der Österreicher **Anton Webern**. Seine Werke, etwa die **Symphonie** (1928) oder die **Variationen für Klavier** (1936), bestehen aus Einzelklängen, die keinerlei erkennbare Verbindung aufweisen. Webern-Verächter sehen darin nur zufällig hingeworfene Punkte. Aber muss das ein

Manko sein? Die Verteilung der Sterne am Himmel folgt doch auch keinem Muster. Trotzdem können wir den Sternenhimmel stundenlang bestaunen. Und erkennen womöglich sogar einzelne Formen: einen Wagen mit Deichsel oder ein Einhorn. Vielleicht kann man in der Musik Weberns ja auch solche Entdeckungen machen.

Und? Wie sieht nun dein Lieblingslied aus?

Eine Schneeflocke

ist Musik

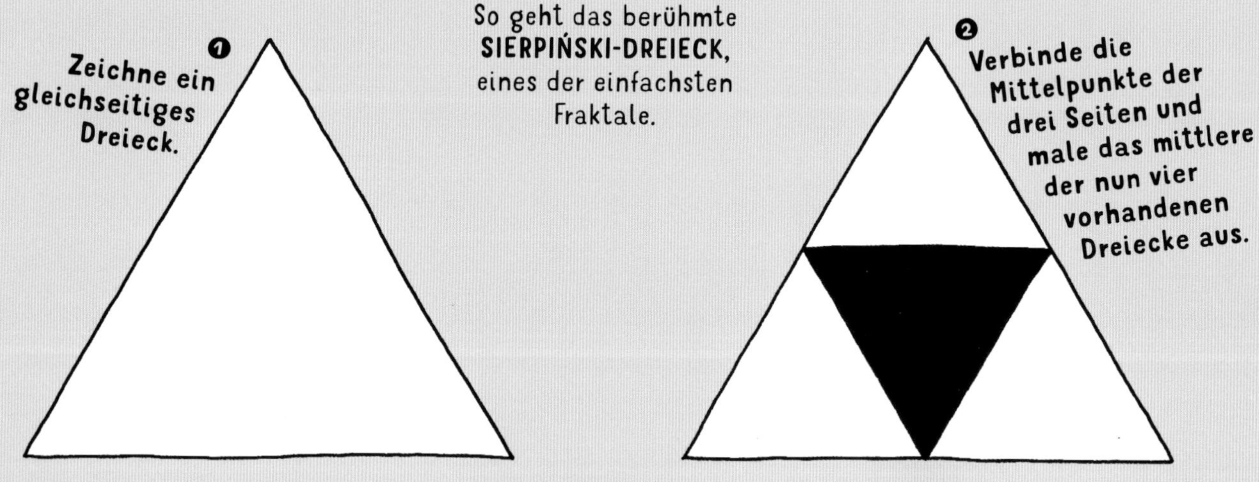

1 Wenn du dich ein bisschen mit Schnee auskennst, weißt du, dass alle Schneeflocken unterschiedlich aussehen. Dabei sind sie einander sehr ähnlich. Wusstest du aber auch, dass man jede Schneeflocke so zerlegen kann, dass jedes einzelne Teil wieder die Form der ganzen Flocke hat? Und dass man diese weiter in noch kleinere, formgleiche Teile zerlegen kann? In der Mathematik heißen so konstruierte Objekte Fraktale, und sie sind auch in der Natur vielfach anzutreffen: in Wolken, Bäumen und sogar beim Mittagessen im Blumenkohl.

Fraktale kann man auch hören, zum Beispiel in der Musik von **Per Nørgård**. Die Melodien des dänischen Komponisten verändern sich ständig, da scheint es keine Wiederholungen zu geben. Und doch ist in jedem Fragment einer solchen Melodie seine Miniaturkopie enthalten. Nørgård nennt das "Komponieren in Unendlichkeitsreihen". Er hat sich diese Methode schon 1959 ausgedacht und sie zum ersten Mal in **Die Reise in den goldenen Schirm** *(Rejse ind i den gyldne skærm)* aus dem Jahr 1969 angewandt, also noch mehrere Jahre vor der mathematischen Fraktal-Theorie.

2 In fast jeder Komposition kommen Wiederholungen vor. Das einfachste Beispiel sind Strophen und Refrain in einem Lied. Anspruchsvollere Komponisten begnügen sich aber selten mit so einfachen Mustern und suchen, wie Per Nørgård, eher Anregungen in der Natur oder den Erkenntnissen der Wissenschaft.

Wenn wir einem Regenschauer im Frühling oder dem Zikadengesang lauschen, nehmen wir eine Ordnung wahr, die wir nur schwer beschreiben können. Mathematiker und Physiker bekommen das mit ausgeklügelten Theorien und Formeln hin, die sich gewöhnlichen Sterblichen nicht erschließen. Der griechische Komponist **Iannis Xenakis** kam auf die Idee, die Töne in seinen Werken nach solchen Methoden anzuordnen. Deshalb bewegen sich die Noten bei ihm wie Sauerstoffmoleküle oder ein in Tee aufgelöster Zuckerwürfel. Die Theorie dahinter hat er vielfach eingesetzt, zum Beispiel in **Pithoprakta***
aus dem Jahr 1956. Xenakis' Musik hat so gar nichts von einfachen Liedern oder klassischen Sinfonien und ist gerade deshalb so überraschend und faszinierend.

* Übersetzt heißt das: „Handeln durch Wahrscheinlichkeit".

Musik ist

Fantasie

Außer den Musikern, die die Kompositionen von **Éliane Radigue** aufführen, weiß niemand so genau, wie sie eigentlich zustande kommen: worum sie die Interpreten bittet, wie sie ihnen sagt, was sie tun oder was sie anders machen sollen. Bekannt ist nur, dass sie keine Partituren schreibt. Sie erzählt lieber. Sie trifft sich mit den Musikern, einzeln und als Gruppe, und spricht. Sie kann von etwas erzählen, was ihr einmal zugestoßen ist, oder über ein Kunstwerk, das ihr besonders nah ist. Über eine Zugfahrt oder eine Landschaft, die sie vor ihrem geistigen Auge sieht.

Das kann klingen wie folgt: „Ihr befindet euch an einem breiten, menschenleeren Strand, der sanft zum Meer hin abfällt." Oder so: „Der Ozean vor euch ist ruhig und hat dieselbe Farbe wie der Himmel, einen Hauch dunkler vielleicht." Und weiter: „Keine Regung ist zu sehen, keine einzige Welle. Lange nicht, sehr lange. Aber irgendwann erwacht der Ozean zum Leben und verändert sich, erst langsam, dann immer schneller. Als ob er immer größer wird, vor euren Augen zu wachsen beginnt ..."

Vielleicht hat sie so über ihr Stück **Ockham-Ozean** (*Occam Océan*) gesprochen. Ein dreißigköpfiges Orchester brachte es 1995 in einer Pariser Kirche zur Aufführung. Vor dem Konzert versammelten sich alle Musiker, um Radigues Ozean-Geschichte zu lauschen. Anschließend versuchten sie gemeinsam, die schneller und stärker werdende Bewegung wiederzugeben.

„Wie jetzt?“, fragt man sich vielleicht. „Am Strand hört man doch keine Instrumente, sondern nur die Brandung.“ Genau daran arbeitet die Komponistin mit den Musikern: dass ein Orchester mit so unterschiedlichen Instrumenten wie Gitarre, Schlagzeug und Saxofon zu einem gemeinsamen Klang findet, dem Klang des Ozeans. Wenn das gelingt, vereinigt sich die Fantasie von Orchester und Komponistin und trägt alle hinaus an den breiten, menschenleeren Strand zu dem Moment, in dem der Ozean zum Leben erwacht. Dann ist das Werk vollendet.

Kommt das Publikum auch an diesen Strand? Nicht unbedingt. Vielleicht landet es ganz woanders, Éliane Radigue erzählt ihre Geschichten nämlich nicht weiter. Sie braucht sie zwar zum Komponieren, möchte aber, dass wir beim Hören unsere eigene Fantasie einsetzen und uns unsere eigenen Geschichten erzählen.

Musik ist

eine Treppe

Seit Arnold Schönberg* haben sich herausragende Musiker die Köpfe darüber zerbrochen, wie sie die bekannten Töne in eine neue Ordnung bringen könnten. Die 88 Tasten des Klaviers bieten eigentlich jede Menge Möglichkeiten. Der Haken ist nur, dass in den vergangenen 300 Jahren (ungefähr so lange gibt es inzwischen Klaviere) Tausende Komponisten mit diesen 88 Tönen schon zahllose Stücke geschrieben haben. Deshalb gingen im 20. Jahrhundert einige dazu über, ganz neue Töne in ihren Melodien unterzubringen. Woher die kamen?

*siehe Seiten 160 – 163

Stellt euch die Tasten eines Klaviers als Treppenstufen vor, die man hinauf- oder hinuntersteigen kann, wie eine Melodie aufsteigt oder abfällt. Die Stufen können unterschiedlich hoch sein – je höher sie sind, desto weiter ist der Schritt von einem Ton zum nächsten. Die typische Stufenhöhe für die meisten Instrumente ist der Halbtonschritt. Aber Halb-

töne lassen sich unterteilen in Vierteltöne oder in noch kleinere Abstufungen, in Mikrotöne. Wollte man die alle auf dem Klavier unterbringen, müsste es nicht 88, sondern 176 oder 252 Tasten haben, wäre zu groß fürs Wohnzimmer und könnte nur von Pianisten mit Zweimeterarmen gespielt werden. Aber dafür hätte man mit jeder neuen Taste einen neuen Ton.

Deshalb basteln sich Komponisten, die nach neuen Tönen suchen, gern ihre eigenen Instrumente. Ein Pionier auf diesem Gebiet war der Amerikaner **Harry Partch**, der unter

anderem das Quadrangularis Reversum, das Zymo-Xyl und die Diamant-Marimba erfand. Sie sehen so verrückt aus, wie sie heißen, aber dafür klingen sie … Beim ersten Hören klingen die Harry-Partch-Erfindungen einfach schief, als wäre jemand auf einer Treppe mit zu kleinen Stufen ausgerutscht. Wenn man sich erst mal eingehört hat, gehen die seltsamen Melodien ganz gut ins Ohr. Mit dem Stück **Und am siebenten Tag fielen Blütenblätter in Petaluma** (*And on the Seventh Day Petals Fell in Petaluma*, 1966), in dem einige seiner ausgefallenen Instrumente zum Einsatz kommen, lässt sich das gut ausprobieren.

Boo I
Neue Kithara I
Koto
Für jeden ist etwas dabei.
Ihr könnt sogar zusammen musizieren.

Flaschenkürbisbaum
Bass-Marimba
Kegelgongs
Harmonischer Kanon II

Musik ist ein Möbel

Was ist der Unterschied zwischen Musik und einem Tisch? Na, alles! Unterschiedlicher geht es wohl kaum ... Ein Tisch hat vier Beine und eine Platte, auf der man die Teekanne abstellen kann. Auf Musik etwas abzustellen, geht nicht so gut. Trotzdem hat sich der französische Komponist und Pianist **Erik Satie** diese komische Frage gestellt. Aber er kam zu einer ganz anderen Antwort: Musik kann für ein gemütliches Teetrinken so wichtig sein wie ein Tisch. So ungünstig es wäre, die Teekanne nirgends abstellen zu können, so ungünstig

wäre es auch, den Tee ohne das geringste Hintergrundgeräusch zu sich nehmen zu müssen. Jede Redepause und jedes Schlucken würde unangenehm auffallen. Um es nicht dazu kommen zu lassen, komponierte Satie den Zyklus **Möbelmusik** (*Musique d'ameublement*, 1917) mit Titeln wie „Akustische Fliesen" oder „Wandbehang für ein Direktorenzimmer". Wie die Titel schon sagen, waren sie nicht zum konzentrierten Zuhören gedacht. Sie sollten im Hintergrund bleiben und die Stille ausfüllen, ohne besondere Aufmerksamkeit zu erregen.

Die Aufführung dieses Liedes war 1939 im New Yorker Musikclub Café Society streng geregelt. Es kam immer als Schlusspunkt des Programms, die Kellner mussten vorab im Publikum für Ruhe sorgen, das Licht wurde gelöscht bis auf einen Spot auf die Sängerin. Wenn dann die ersten Klaviertakte erklangen, stand sie mit geschlossenen Augen da, wie zum Gebet. Sobald das Lied aus war, trat sie unverzüglich ab und verweigerte jegliche Zugabe.

Das Stück heißt *Strange Fruit* („Seltsame Frucht"), gesungen von **Billie Holiday**, einer der berühmtesten Jazzsängerinnen aller Zeiten. Man kann sich schon denken, dass es ein absolutes Ausnahmestück gewesen sein muss. Abel Meeropols Text handelt nicht von den üblichen Popthemen. Kein Wort von Liebe oder Herzschmerz, von Einsamkeit oder Sehnsucht. Von wegen! „Strange Fruit" erzählt vom Rassismus in den Südstaaten,

und die „seltsame Frucht" ist der Körper eines Schwarzen, aufgeknüpft an einem Baum. In den 1930er Jahren und zuvor erlitten viele Schwarze dieses Schicksal, selbst wenn sie nur wegen geringfügiger Straftaten oder Vergehen verurteilt worden waren. Sie hatten in den USA damals nicht dieselben Rechte wie die Weißen, wurden häufig als minderwertig betrachtet und verfolgt. Selbst Lynchmorde ohne vorangegangenes Gerichtsverfahren blieben meistens ohne Konsequenzen.

Billie Holiday machte das Stück zu einem der bekanntesten Protestsongs, einem Lied gegen die Ungerechtigkeit. Es wurde zu einer Hymne der Schwarzen in den USA im Kampf gegen den Rassismus. Und es hat den Beweis erbracht, dass Lieder mehr als bloße Unterhaltung sein und Künstler wichtige Botschaften vermitteln können.

Musik ist

ein Butterbrot

Kennt ihr Madonna und Michael Jackson? Wahrscheinlich schon, sie sind ja die größten Popstars der vergangenen Jahrzehnte. Aber kennt ihr auch **Henryk Mikołaj Górecki**? Im Jahr 1992 hat ein Album dieses polnischen Komponisten in den britischen Charts die beiden Pop-Superstars überholt. Damals wollten in England mehr Menschen seine **Sinfonie der Klagelieder** (*Symfonia pieśni żałosnych*) hören als Michael Jacksons berühmtes *Black or White*. Das hat sonst kein moderner Komponist geschafft.

Obwohl dieses Górecki-Werk weder tanzbar ist noch zum Ohrwurm taugt, haben es inzwischen fast eine Million Menschen weltweit gekauft. Viele haben sich die Köpfe darüber zerbrochen, wie dieser Riesenerfolg zu erklären ist. Wieso hat unter den unzähligen modernen Sinfonien gerade diese so viele Menschen angesprochen? Und wieso erst 16 Jahre nach ihrer Entstehung (Górecki hatte sie schon 1976 komponiert)? Wie kann es sein, dass ein Stück, in dem eine knappe

Stunde lang „fast nichts passiert", so viel Interesse hervorruft? Die „Sinfonie der Klagelieder" besteht nämlich im Grunde aus wenigen, sehr schlichten, im Schneckentempo wiederkehrenden Melodien. Sie anzuhören ist ein bisschen wie den Wolken zuzusehen. Górecki verwendete Kompositionstechniken und sogar konkrete Melodien, die seit dem Mittelalter allseits bekannt waren. Als hätte es Neuerungen wie die „dreidimensionale" Musik Weberns und Varèses oder die neuen Klänge eines Harry Partch* nie gegeben.

Manchmal ist es wohl einfach so, dass das Schlichte und Altbewährte besonders zeitgemäß ist, wenn alle anderen besonders originell sein wollen. Wie nach dem Ausflug in ein teures, exquisites Restaurant das Butterbrot zu Hause am besten schmeckt.

* siehe Seiten 178–183 und 194–199

Musik ist

Bauklötze bauen

1 Wie lange dauert die Einspielung eines Drei-Minuten-Titels? Hmmm ... Wie wäre es mit 90 Stunden aus siebzehn Aufnahmesessions in fünf verschiedenen Studios? So lange dauerte es, bis die **Beach Boys** 1966 ihren Song **Good Vibrations** im Kasten hatten. Sie brachten in diesem kurzen Titel so viele besondere Klänge unter, dass er auch als „Westentaschensinfonie"* bezeichnet wurde. Ohne ein spezielles Aufnahmeverfahren wäre das gar nicht möglich gewesen. Bei den Sessions spielten die Musiker nicht das komplette Stück, sie musizierten nicht einmal zusammen. Stück für Stück spielte jeder einzeln seinen Part ein, manche Musiker sind sich dabei nie begegnet. Gesang, Cello, Cembalo, Gitarre und Elektro-Theremin wurden über das Jahr verteilt in unterschiedlichen Studios aufgenommen. Erst danach wurden die Bausteine zusammengefügt, umgestellt und zurechtgestutzt, bis das Traumschloss vom Anspruch einer Beethoven-Sinfonie fertig war. Nur eben in kurz, damit es die Discos und Hitlisten erobern konnte.

Die langwierigen Aufnahmen für diesen kurzen Song kosteten am Ende so viel wie eine größere Wohnung, aber die Investition zahlte sich aus. Das Stück wurde zum Superhit, die Aufnahmetechnik ging in die Musikgeschichte ein und wurde später von vielen Musikern übernommen.

* Sinfonien sind lange, komplizierte Orchesterwerke.

Wie geht es
jetzt weiter?
Schritt für Schritt!
Und am Ende
basteln wir was
draus.
The Beach Boys

2 Es gab sogar Musiker, die von den Möglichkeiten perfekter Studioaufnahmen so begeistert waren, dass sie gar nicht mehr vor Publikum auftraten. **Glenn Gould**, einer der begabtesten Interpreten der Musik Johann Sebastian Bachs, schockierte 1965 mit einer entsprechenden Erklärung die Öffentlichkeit. Mit gerade einmal 32 Jahren

verkündete er, er werde keine Konzerte mehr geben. Die verbleibenden 18 Jahre seines Lebens widmete er seiner neuen Liebe: dem Mikrofon. Mithilfe des Tonstudios konnte er seine Interpretationen weiter vervollkommnen. Er spielte die Stücke immer wieder, wählte später aus jeder Version die gelungensten Passagen und fügte sie für seine Platten zu einem makellosen Ganzen zusammen.

Musik ist

Leben

1 Der Würfel nennt sich „echofreier Raum", und **John Cage*** betritt ihn im Jahr 1951. Auf der Suche nach der wahren Stille. Da hat er wohl den perfekten Ort gefunden. Der Raum ist so gebaut, dass bei geschlossener Tür kein Laut von außen mehr durchdringt und die Geräusche im Inneren keinerlei Nachhall erzeugen. Zunächst ist der Komponist begeistert – endlich hört er wirklich einmal NICHTS! Aber dann stutzt er. Als er genauer hinhört, nimmt er zwei leise, gleichförmige Geräusche wahr, die seine Stille stören. Das eine klingt wie ein fernes Unterwasserrauschen. Das zweite erinnert an das Sirren einer Glühbirne. Wo kommen sie her, wo der Raum doch leer ist und Cage sich nicht muckst? Das erklärt ihm anschließend der Experte, der den schalltoten Raum betreut: Das Rauschen ist das Geräusch des strömenden Blutes in den Adern des Komponisten, das Sirren erzeugt sein Nervensystem. Merke: Es gibt kein Leben ohne Geräusch!

* mehr zu seinen Kompositionen auf den Seiten 20 – 21

John Cage

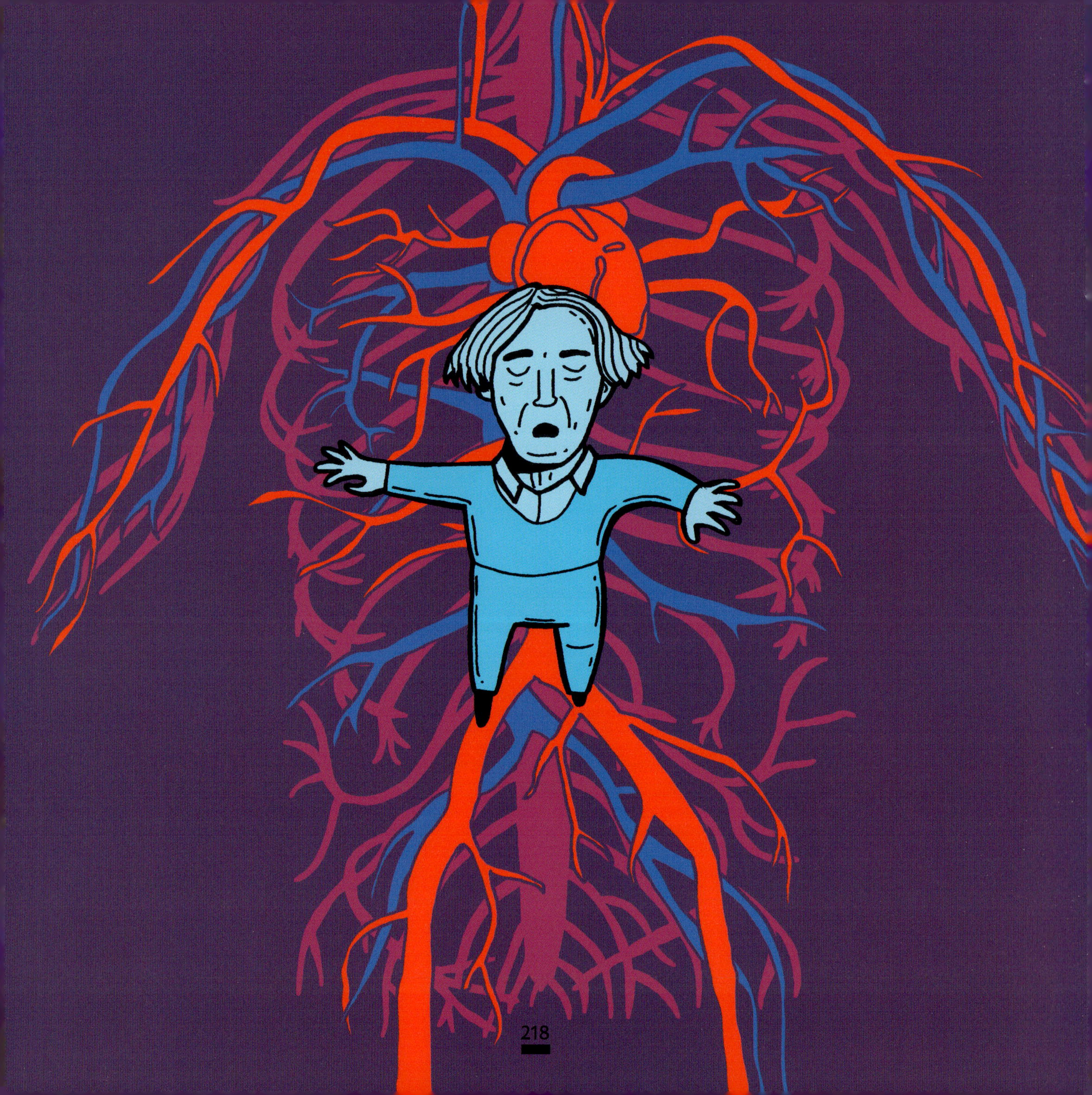

2 Der japanische Klang- und Videokünstler **Ryoji Ikeda** betritt den echofreien Raum im Jahr 2010. Er hat sich lange mit seinem Vorläufer und dessen Aufenthalt dort beschäftigt. Aber er möchte alles am eigenen Leib erleben. Und er möchte erreichen, was Cage verwehrt geblieben ist. Ikeda ist bestens vertraut mit den Geheimnissen der modernen Physik, er hat die neuesten Mikrofone und Lautsprecher zur Verfügung. Er weiß, dass man Schallwellen ersticken kann, wenn man sie zeitlich versetzt mit denselben Schallwellen überlagert. Ikedas Plan: „Ich installiere im echofreien Raum hochempfindliche Mikrofone, die die Geräusche meines Blut- und Nervensystems aufzeichnen. Die Aufzeichnung schicke ich durch den Computer, der sie mit einer minimalen, exakt berechneten Verzögerung abspielt, so dass die Geräusche sich gegenseitig zum Erliegen bringen. Wenn sie nicht mehr zu hören sind, herrscht Stille im Raum. Die wahre Stille, von der John Cage nur träumen konnte." Vielleicht hat Ikeda so zu Lebzeiten schon die Stille gehört, die uns anderen erst nach dem Tod vergönnt ist.

Inhaltsverzeichnis

Was ist Musik?

Michał Libera, geboren 1979, ist seit 2003 mit Musik befasst – zuletzt vor allem als Musikdramaturg, Autor von Klangessays, Opern und experimentellen Radioformaten. Er kuratierte Konzerte, Festivals und musikalische Programme zu Ausstellungen, u.a. des prämierten Polnischen Pavillons auf der 13. Architekturbiennale in Venedig. *Wie das klingt!* ist sein erstes Kinderbuch.
Michał Mendyk, geboren 1981, war zunächst als Musikjournalist tätig, u.a. für den Polnischen Rundfunk. Er gründete die Musikzeitschrift *Glissando* und kuratierte Musikfestivals in Warschau, Breslau und Krakau sowie das britische Huddersfield Contemporary Music Festival. Das auch außerhalb Polens wieder erwachte Interesse am Erbe des Experimentalstudios des Polnischen Rundfunks verdankt sich vor allem seiner Tätigkeit.

Aleksandra und Daniel Mizielińscy, beide 1982 geboren, studierten Grafikdesign in Warschau und beschäftigten sich mit Buchgestaltung, Webdesign und Typographie. Seit 2008 veröffentlichen sie Bücher für Kinder, mit denen sie weltweit große Erfolge feiern. Dazu gehören *Alle Welt. Das Landkartenbuch* und *Unter der Erde · Tief im Wasser*, aber auch *Treppe Fenster Klo. Die ungewöhnlichsten Häuser der Welt*.

Begleitend zum Buch gibt es die Website **wiedasklingt.de**, die zu Hörproben vieler der erwähnten Werke führt.

1. Auflage, 2019

Die polnische Originalausgabe erschien 2017 unter dem Titel *M.U.ZY.K.A.*

Lektorat: Maciej Byliniak
Durchsicht der deutschen Ausgabe: Albrecht Dümling
Reihenkonzeption: Joanna Rzyska
Druck: Skleniarz, Krakau
Printed in Poland
ISBN 978 3 89565 384 1
www.moritzverlag.de

Die Veröffentlichung dieses Buches wurde im Rahmen des Übersetzungsprogramms © Poland vom Polnischen Buchinstitut Krakau unterstützt.